天府遗梦

——古岷江与水码头往事

蒋剑康 著

四川大学出版社
SICHUAN UNIVERSITY PRESS

图书在版编目（CIP）数据

天府遗梦：古岷江与水码头往事 / 蒋剑康著． —
成都：四川大学出版社，2023.10
ISBN 978-7-5690-6370-7

Ⅰ．①天… Ⅱ．①蒋… Ⅲ．①文化史－成都 Ⅳ．
① K297.11

中国国家版本馆 CIP 数据核字（2023）第 192338 号

书　　名：天府遗梦——古岷江与水码头往事
　　　　　Tianfu Yimeng——Guminjiang yu Shuimatou Wangshi
著　　者：蒋剑康

选题策划：王　静
责任编辑：王　静
责任校对：张伊伊
装帧设计：墨创文化
责任印制：王　炜

出版发行：四川大学出版社有限责任公司
　　　　　地址：成都市一环路南一段 24 号（610065）
　　　　　电话：（028）85408311（发行部）、85400276（总编室）
　　　　　电子邮箱：scupress@vip.163.com
　　　　　网址：https://press.scu.edu.cn
印前制作：四川胜翔数码印务设计有限公司
印刷装订：四川省平轩印务有限公司

成品尺寸：170mm×240mm
印　　张：9.25
字　　数：177 千字

版　　次：2023 年 11 月 第 1 版
印　　次：2023 年 11 月 第 1 次印刷
定　　价：48.00 元

扫码获取数字资源

四川大学出版社
微信公众号

本社图书如有印装质量问题，请联系发行部调换

前　言

　　自李冰修建都江堰后，天府之国的成都平原河流众多，其中金马河发挥着重要的母亲河作用，但如今很多人都不知道金马河是天府之国的母亲河，这是成都平原天府之国的第一大遗梦。

　　李冰修建都江堰分岷江之水，古岷江与新分水的江理应是母女二江，但被称内外江后，就模糊了外江（岷江金马河）是母亲河，内江是岷江分水出来的女儿河关系。外江金马河是岷江干流，是母亲河，从都江堰开始，她分水出大女儿内江、二女儿羊马河、三女儿江安河、四女儿杨柳河、五女儿大朗河等。金马河一直都发挥着母亲河的供水作用和泄洪作用，滋润和保护着成都平原，呵护着天府之国。

　　天府之国的第二大遗梦是发现了古蜀水道即岷江水道。三星堆遗址和金沙遗址出土的文物文化表明当时古蜀与国内外文化已有交流，但交流的渠道在哪里？迄今是谜。经笔者考察发现，渠道就是古蜀水道即岷江水道。

　　在三千年前的夏商周时期，古蜀人民就充分利用岷江的天然水道走出蜀外，与外界沟通连接，古蜀文明与华夏文明及世界文明有交流，创造出独特的文明成果。

　　岷江水道是成都至宜宾的行船河流，岷江这段天然行船水道，是古蜀通往外界的交通大通道。古蜀岷江水道承担了国际国内交流重任，成为古蜀的"大件路""高速路"：一江连接国内外文明，一船满载普天下物流。古蜀岷江水道的发现彻底解开了以三星堆遗址和金沙遗址为代表的古蜀文化与外界交流交往之谜。"蜀道难，难于上青天"描述的是古蜀走山路的艰辛艰难，"千里江陵一日还""轻舟已过万重山"则描写了古蜀走水道的轻快与顺畅。

　　擦耳岩岷江水运码头是天府第三大遗梦，它的发现使我们知道了岷江水道从成都出发的起点码头和终点码头，完善了古蜀成都交通水道。

擦耳岩水运码头离成都最近。李冰修都江堰引二江于成都前，成都并无可行船的大河道，成都的丝绸等物要从岷江运出去，就只能依靠距成都最近的擦耳岩岷江水运码头。从成都到擦耳岩，走路半天就能到，从夏商周时期到李冰修都江堰前的千余年，擦耳岩就是成都唯一的岷江水运码头。不过，自李冰修都江堰引二江水于成都后，擦耳岩水运码头功能慢慢减弱，后彻底消失。擦耳岩是夏商周秦汉时期的岷江水运码头，秦汉后千年的过河渡口，尤其是唐宋明清至民国时期，这里的历史文化底蕴深厚，诸多往事令人惊奇。唐宋之后，擦耳岩虽没有了水运码头的作用，但也是成都至崇州、大邑、邛崃的交通要塞，古蜀川西坝子的古道要津。

目　录

第一篇
天府之国母亲河

成都西边有条神秘的大河，它就是成都平原第一河——岷江金马河。

金马河被层层分水，浇灌了成都平原广袤沃野；金马河承担着排洪泄洪的任务，保障着成都平原不受洪涝灾害。她真可算是天府之国母亲河。

原本岷江在都江堰分水后的两江为母女江，却被改称为外江和内江，即把功能作用不同的母女江改称为不分功能作用的姊妹江了，这使得被誉为"天府之国"的成都平原竟然没有母亲河。

历史上的一些记载把岷江金马河错认为是1933年叠溪地震洪水冲宽河床而成的，或误认为金马河在明末清初及清末时都是小河，笔者认为有必要澄清其中的缘由，为天府之国母亲河正名具有历史和现实的双重意义。

第一章
成都平原第一河

一、古岷江的形成

成都西边有一条神秘的大河，她就是成都平原上的第一河——岷江金马河。她是李冰修都江堰前的古岷江。古岷江是经由地震或洪水等自然灾害无数次冲击在成都平原上形成的。

岷江上游是龙门山断裂带，历史上曾发生过无数次地震。地震形成的堰塞湖崩溃后产生了巨大的洪流，从都江堰的山口冲击而出，一直冲向成都西南边的新津地区，在成都平原上形成了一段河道，堪称成都平原天然第一河。

夏秋季雨水丰富、水量丰沛，山泉众多、流水不断，导致岷江金马河在夏秋季水面宽阔达数里。由于岷江金马河是平原河道，若遇洪水易肆意横流，沿岸会形成水涝，而东边的成都等地则因无河道导致水流不及，形成了长年的干旱地带。

公元前256年，李冰任蜀守，凿离堆，开宝瓶口，修都江堰，将岷江分出内江，引水入成都平原东部，从而减轻了岷江的水流压力，消除了水涝，解决了成都平原西边水涝东边干旱的问题，岷江金马河成了"外江"，流经灌县（今都江堰）、温江、崇庆（今崇州）、双流、新津五县，堪称天府之国第一河（如图1-1-1所示）。

图 1-1-1　都江堰外江（岷江金马河）

二、史料中的岷江金马河

岷江金马河从都江堰到新津，流经五县，各县县志对金马河的记载却不太相同。有两县的县志将金马河记为岷江正流，有两县的县志记载为"以前是小河，1933 年叠溪地震洪水冲宽河床成岷江正流"，还有一县的县志记载为"1933 年冲宽又成岷江正流"。

金马河古名较多，容易混淆。都江堰以下的金马河，又称郫江、正南江，也有称"皂江"的，如"江水东南流至温江西为金马河，即皂江正流也"。

为了弄清以上名称是指哪条江，笔者花费了数年时间反复研读分析。

金马河古时都称"江"，然而到清代就记载成了"小河"，相关资料中说金马河被 1933 年洪水冲宽河床而成岷江干流，这是有误的。"见诸《蜀水考》：'流汶二江之源，其正派曰金马河。'又说：'江水东南流至温江县西为金马河，即皂江正流也。'"[1] 这些都说明金马河从前就是岷江正流。笔者考察分析发现，金马河就是古岷江，修都江堰后的岷江正流。[2]

金马河的层层分水等特征告诉我们，她一直都发挥着分水供水、排洪泄洪的作用，成都平原上，没有哪条江河能与之相比。

---

[1] 四川省温江县志编纂委员会编纂：《温江县志》，成都：四川人民出版社，1990 年，第 107 页。

[2] 相关内容参见蒋剑康：《认识金马河》，成都：四川大学出版社，2020 年。

三、天府之国母亲河水系图

金马河为岷江正流，发挥着天府之国母亲河的功能作用。然而，历史对此却没有记载。

中国水利学会水利史研究会会长、都江堰水利专家谭徐明在其代表著作《都江堰史》中展示了都江堰内外江水系图，图中清晰地表明了都江堰内外江的两大水系（如图1-1-2所示）。

笔者认为，图中的都江堰内外江水系关系，实质是母女河关系。图中岷江实为外江的金马河，内江是从岷江分流出来的分水河，也就是从母亲河"生"出来的女儿河。

内江与外江，长期以来保持着"六四分水"和"二八分水"的关系。平常，内江为六，外江为四，内江水大于外江；夏季丰水，内江为二，外江为八，外江水大于内江；到了冬季，水全部被内江分走，外江处于枯水状态。当今的都江堰，把水全部拦进了内江，外江金马河基本没有水了，但金马河至今仍在发挥着保障成都平原防洪安全的职责。

综上所述，岷江金马河是天府之国母亲河，一直承担着两大功能，一是以金马河为母系层层分水，二是排洪泄洪保障成都平原不受水涝灾害，表现出夏秋丰水、冬春枯水的特征（如图1-1-3）。

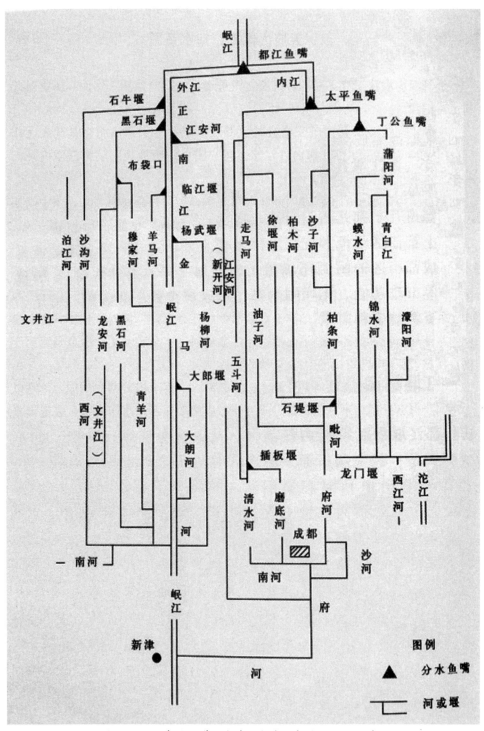

图 1-1-2 都江堰灌区内外江水系示意图（至 1950 年）

资料来源：谭徐明，《都江堰史》，北京：中国水利水电出版社，2009 年，第 134 页。

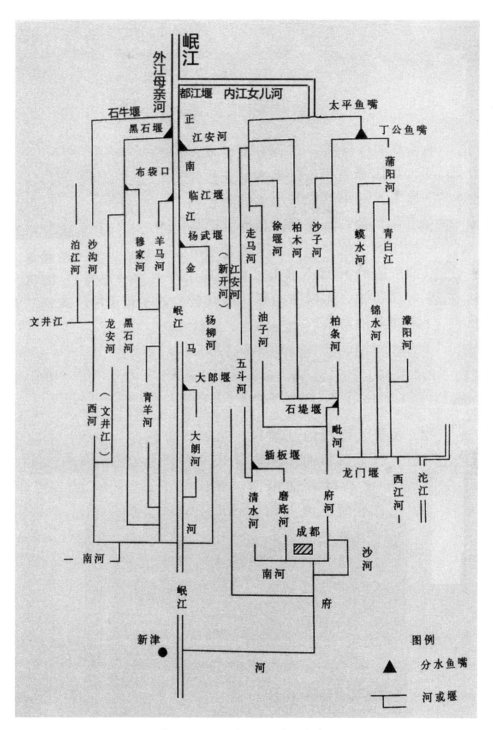

图1-1-3　天府之国母亲河水系图

第二章
天府之国母亲河的功能特征

岷江金马河为天府母亲河，一直呵护着天府之国。岷江金马河主要经历了三个历史阶段，在丰水期和枯水期有着不同的特征。

一、基本功能：层层分水

古蜀成都平原非涝即旱，有"泽国""赤盆"之称。为治理岷江水患，公元前256年李冰修都江堰，从此岷江水被层层分流，成都平原成了天府之国。

金马河是一条自然形成的古老河流，修都江堰就是为了分岷江之水（如图1-2-1所示）。都江堰是岷江的第一道分水堰，以下又有第二次、第三次等层层分水。这就是母亲河的第一大基本功能，也是其作为母亲河的显著特征。下面将具体分析三层分流，详情如下。

图1-2-1　笔者于2015年摄于都江堰外江（金马河）

（一）内江分水

都江堰内江为第一层次分水。李冰凿离堆，开宝瓶口分水，外内江用"四六分"或"八二分"，即平常的岷江水，外江分四份，内江分六份；若遇洪水时，因宝瓶口的进水口是固定的，外江为八份，内江进两份，外江承担了排洪泄洪的任务。还有一个分水比例，这就是"零十分"，意为到了冬春季节，岷江水全部被内江分走，外江金马河呈枯水状态。而现在，除洪水期外，金马河绝大多数时间都处于枯水状态。

（二）新开河及羊马河分水

都江堰外江为金马河，即岷江正流，向东南流约十里后又分出两支，一支为羊马河，流经崇州；另一支为江安河（新开河）流经温江、双流。

（三）杨柳河分水

清朝时，金马河曾因洪水溃口，在金马河温江段杨武堰处分水，形成杨柳河。据谭徐明的《都江堰史》记载：岷江中段金马河左岸支流为经人工改造的天然河流。水源自金马河左岸引水渠首，以前进口为旧名杨武堰，位于温江区河坝场玉石堤张扉滩。① 这是金马河的第三层分水。

（四）大朗河分水

金马河在温江段刘家壕处开了口子为大郎堰分水，灌溉着温江、双流、新津等地的上万亩水田，形成了第四次分水。大朗河流经双流前往新津，也是金马河的最后一层分水。

由于层层分水，金马河河水被减少到了"小河沟"的状态，以致到双流及其下游，裸露了大量的河湾沙洲，两岸干涸的沙洲被种上了庄稼，以前有大水量的金马河道，在如今两岸庄稼野草的映衬下，真的就成了小河沟。

金马河的层层分水体现了天府之国母亲河的基本功能。从李冰修都江堰开始，岷江金马河就成了成都平原上的主流分水河。

李冰穿二江于成都，为成都引水开河行船，余者灌溉。开二江行船需要大量的水，因此，岷江的大量水被引进内江，外江金马河的水量便小于内江的水量。

---

① 参见谭徐明：《都江堰史》，北京：中国水利水电出版社，2009 年。

　　从西汉始至唐宋时船运兴起，到了明清船运达到高潮，外江金马河大量河水被拦后用于行船。清朝时期，温江段杨柳河分水走船，双流彭镇的水码头繁荣鼎盛，被誉为双流八景之"第一春波"水码头。

　　岷江金马河之水，被都江堰、羊马河、新开河、杨柳河、大朗河等层层分水后，两岸出现了大量干涸的河湾沙洲，特别是大郎堰分水后的金马河东西两岸，出现了两三里宽的沿河干涸沙洲地。大量干涸的河滩沙洲特别适合种植庄稼、中药材等。成都平原之所以成为天府之国就是因为岷江金马河充分发挥了其母亲河的作用，浇灌了成都平原的千里沃野。

　　金马河被层层分水后呈现出大河小水的特殊状态，到了冬季整条河都干枯无水，成了一条干涸的河道。

　　如今，金马河两岸大量宽阔的干涸沙洲被不断开发利用，如都江堰下金马河边的翠月湖，就是利用金马河宽阔的河滩沙洲办起的农场，现为翠月湖风景旅游区如图1-2-2所示，下图为金马河擦耳岩东岸的十里养鱼场，西岸种郁金的沙洲地等。

图1-2-2　金马河两岸宽阔的河湾沙滩

二、夏秋季丰水期和冬春季枯水期的特征

(一)丰水期特征

夏秋季节,岷江上游雨水丰沛,金马河会出现大水量的丰水状态。此时,都江堰因宝瓶口的进水受限,大部水流入了外江金马河。

由于夏秋丰水,两岸人们的来往被河水阻隔,需要摆渡过河。

1933年的6月至8月间,刘文辉与刘湘在岷江金马河边有一场四川军阀交战,刘文辉就利用岷江金马河夏季水大的特征,成功阻挡了刘湘的进攻。刘湘最后通过策反刘文辉部下才突破其金马河防线(如图1-2-3所示)。

图1-2-3 夏秋季丰水期的金马河

(二)枯水期的特征

到了冬季,岷江上游来水较少,因各河行船的需要,金马河水全部被内江分走。春季到来,农田灌溉开始用水,金马河河水被全部分走,呈干涸状态。

冬季枯水期,人们搭建临时竹木桥用以过河,甚至是涉水过河(如图1-2-4

所示）。唐朝杜甫有诗《陪李七司马皂江上观造竹桥》，描写的正是金马河冬季枯水期的情景。

图 1-2-4　冬季人们涉水过河

资料来源：流沙河，《老成都·芙蓉秋梦》，重庆：重庆大学出版社，2014 年，第 67 页。

三、保障功能：防洪泄洪

当岷江上游下大雨或暴发大洪水，或因地震形成洪水时，金马河就是主要的排洪泄洪河道。这是金马河作为母亲河的基本保障功能。没有金马河的这一保障功能，天府之国成都平原，不知要受多少水涝灾害，可以说没有其他哪条河能承担得起这一功能。

防洪泄洪是金马河的一大基本功能，也是其作为母亲河的一个显著特征。

洪水来临时，洪峰直冲金马河，宝瓶口常被漂木等堵塞，各分水河道在大洪峰来临时的分流作用微不足道，绝大部分洪水都直冲金马河，金马河便成为排洪泄洪的主渠道。

在明清时期，都江堰上游岷江一带的楠木被伐，可利用岷江涨水的优势漂到下游长江，金马河就一直是漂伐木的河道，俗称"放登子"。到 20 世纪后期，岷江上游还在伐木，大量木材随金马河漂流而下，这就是利用岷江金马河水漂木。

1933 年 8 月 25 日的四川叠溪大地震形成了堰塞湖，于 10 月 9 日傍晚溃决，10 月 10 日早晨，洪水冲到了都江堰，中午便冲到了双流及其下游。四川叠溪大地震造成的洪水形成了次生灾害，使金马河沿岸人民受到了极大的损失。

李冰修都江堰后大量分水开河行船，明清时期，船运达到高峰，金马河河水量少，基本处于"小河"状态。民国时期开始修建公路，陆地运输替代河上船运，金马河水大部分回归河道，呈现大水量的岷江正流状态。

岷江在都江堰开始分水，灌溉成都平原广袤田野，使成都平原成为富饶的天府之国，岷江的金马河是天府之命脉，是当之无愧、不可替代的天府之国母亲河。

岷江金马河的上述功能与特征，充分展现了其母亲河的性质。

四、岷江金马河的三个历史阶段①

金马河历史可大致分为三个阶段：一是古岷江阶段，经千万年自然冲击发展为大水量；二是都江堰建成至紫坪铺水库修建之前的阶段，岷江因分水成为外江金马河，具有水运、供水和灌溉农田等功能，形成了夏秋季丰水、冬春季枯水等特点；三是紫坪铺水库建成以后的阶段，金马河被人工控制放水，只具有排洪泄洪的功能了。

（一）古岷江阶段

古岷江是在成都平原上因地震、洪水等自然冲击而逐渐形成的。岷江上游属龙门山脉地震带，地震形成的堰塞湖崩溃后形成洪水洪峰，洪水从都江堰直冲新津，形成了古岷江河道。

岷江上游是地震灾害多发地区，地震灾害造成山体坍塌，大量的土石进入岷江河道后壅堵成天然的堆石坝而形成堰塞湖。对都江堰影响最大的自然灾害就是地震湖泊决口后突发的溃坝洪水。638 年至今，岷江上游流域有记载的七级或更强的地震发生过四次，近代如 1933 年的叠溪地震，形成堰塞湖后发生溃坝洪水，导致了成都平原最大的地震次生灾害——洪水灾害。②

洪水汹涌而下，金马河就是在无数次地震及洪水等自然灾害的冲击下形成

---

① 选编自蒋剑康：《成都擦耳岩》，成都：四川大学出版社，2022 年，第 14～16 页，此次出版有删改。

② 参见谭徐明：《都江堰史》，北京：中国水利水电出版社，2009 年。

的岷江河道。金马河从都江堰至新津，基本上是一条直直的河道，这足以说明洪水等自然灾害冲击力的强大。随着时间的推移，逐渐形成了以金马河为中心的河流体系。此阶段古岷江在成都平原上河道宽阔，夏秋水涝成灾，冬春季也呈大水量的状态。

（二）都江堰建成至紫坪铺水库修建之前的阶段

秦李冰修都江堰分水，形成了内外江，古岷江在成都平原川西坝子这段河道就成了外江，即金马河。而此阶段的金马河成了成都平原的主要分水河，一是都江堰分水，二是羊马河分水，三是江安河（新开江）分水，四是杨柳河、大朗河等分水。

修都江堰解决了成都平原西边水涝、东边干旱的问题，浇灌了成都平原大部分田地。同时，因社会发展，船运兴盛，李冰修都江堰凿宝瓶口，引岷江水至成都，也有方便行船的目的。

此阶段，因层层分水，金马河的水量减少，呈现了冬枯夏丰的特征，冬季人们搭竹木桥过河，夏季撑船摆渡过河。因河水被分走，金马河的水面变窄，两岸现出了干涸沙洲，农户开始利用沙洲种庄稼或中药材等。夏季暴发洪水，金马河又成为泄洪排洪的河道。

可见，历史记载的"小河""起水"都是因特殊年代无人管理而出现的，不能将金马河理解为真正的小河。不能根据短暂特殊的现象来判定金马河长期的历史状态，岷江金马河有着漫长的历史，不能以短暂的现象为之定性。

1933年四川叠溪大地震形成堰塞湖，后湖泊崩塌产生特大洪水，完整地演绎了一次冲击形成金马河的历史过程。2008年汶川地震形成的堰塞湖被及时放水，才没有重演金马河的冲击过程。

民国后开始修陆路，船运减少，各河道航运衰落，但也恰巧给金马河戴上了"叠溪洪水冲宽金马河，从此成为岷江正流"的帽子。

由于金马河年年夏季涨大水，尤以1964年为甚，金马河因此进入年年岁修阶段。

此阶段，历史上有皂江、郫江、正南江等为岷江正流的记载，如：

> 大皂江本岷江正流，自离堆凿后，始以流江为正流，而以此为

南江。①

金马江，即大江正流，亦曰岷江，亦曰皂江。②

大江，在县东北，今名金马河。即皂江，古之郫江，岷江正
流也。③

外江则金马河，岷江之正流也，由其旧源呼之，亦曰皂江。④

由此可见，金马河历来就是岷江正流，记载其为"小河"、在羊马河"起
水"等是特殊现象，不能以偏概全，以其作为判断依据。

此阶段，岷江金马河完全发挥了母亲河功能作用，完整履行了母亲河的职
责，呵护着天府之国，是当之无愧的成都平原第一河。

（三）紫坪铺水库建成以后阶段

都江堰上游修建了紫坪铺水库，从此，金马河便没有了洪水灾害。后来，
都江堰的外江修了水闸，金马河以下分水河改为在内江分水，金马河便进入了
一个无水无分水河、永远保留河道的阶段。现在的金马河，河道宽阔规整，河
水很少（因河床高位差渗出的水），甚至没有水，但金马河仍是岷江正流。

---

① 转引自冯广宏：《都江堰文献集成（历史文献卷·先秦至清代）》，成都：巴蜀书社，
2007 年，第 320 页。
② 四川省地方志编纂委员会编：《四川历代方志集成·第三辑（10）》，北京：国家图
书馆出版社，2015 年，第 210 页。
③ 转引自冯广宏：《都江堰文献集成（历史文献卷·先秦至清代）》，成都：巴蜀书社，
2007 年，第 552 页。
④ 双流县旧志丛书整理委员会编：《双流县志（民国版）》，北京：中国文史出版社，
2014 年，第 405 页。

第三章
内外江的关系

天府之国母亲河被埋名至今是由多方面的因素造成的，主要是长期以来人们对都江堰分水后的两江功能作用缺乏正确认识，片面地以水量多少作为判断依据及误认为金马河是游荡河等原因造成的。

一、外江与内江是母女河的关系

都江堰两江分水是岷江在成都平原上的第一次分水，外江即金马河也是岷江正流，内江是从岷江分流出来的第一条女儿河，是母亲河。内外江的功能及作用均有不同，内江是"用水"，外江（金马河）是"供水"。然而，两江不同的功能及作用，从一开始就没有得到正确认识。

同时，外江与内江的称号掩盖了其功能及作用，将母女河视为姊妹河了。就此，内外江成了都江堰下两条各不相干的水系，这种错误的认识一直持续到现在。

两江的"内外"之称是如何来的呢？清晚期的四川大儒刘沅是金马河畔人，对岷江金马河早有考察研究，著有多篇专题文章，他有一篇《内江外江考》，溯内外江之名，其始特以灌城远近别之，而后人牵混，凡在成都以内者为内，在外者为外。名称得失，于义何关损益，特此二江之实不明。[1]

寥寥数句，就把内外江的来历说清楚了。原来，内外江是以流入都江堰得名的，非如后人所说流入成都而得名。

刘沅敏锐地指出"名称得失，于义何关损益，特此二江之实不明"，可见，

---

① 双流县旧志丛书整理委员会：《双流县志（民国版）》，北京：中国文史出版社，2014年版，第405页。

他也隐约认识到内外江的功能实质不同，只是没有清晰地认识到二江为母女河的关系。

把都江堰分水的二江称为内外江，从第一次分水起，就模糊了外江与内江是母女河关系，这是造成天府之国母亲河埋名至今的主要原因之一。

二、误判的原因

岷江在都江堰的第一次分水，人们就以分水量大小作为判断主、支流的依据，看起来很客观，其实是有误的。

> 按皂江南注，本岷江正流。自离堆凿后，乃以流江为正流。金马江，皂江支流也。[①]

此句的本意是皂江（岷江金马河）为岷江正流，自李冰凿离堆后因流江（内江）的分水量大于金马河（外江）的分水量，流江成了岷江正流，金马河就成了岷江支流。这就是以分水量大小作为主支流的判断依据，把内江（流江）误解成了岷江正流。以水量大小作主支流判断，其弊端是明显的。两江的水量，一年四季都是变化的，金马河夏秋季为丰水期，水量比内江大，而金马河冬春季为枯水期，水都流进内江了，能说"夏秋的金马河是岷江正流，冬春的内江是岷江正流"吗？有意思的是，历史记载不再说谁是主流支流，而说大江。于是就有说金马河是大江，又说流向成都的也是大江。于是就出现了认识不清的情况，以致今日都认识不清金马河的真实历史。

判断都江堰内外江分水后谁是主流谁是支流的问题，笔者认为应该以两条河的功能及作用作为判断依据。外江是岷江正流，是分水母河，内江是在岷江上分流的女儿河，两条河的功能及作用的不同是明显的，不能以分水量的大小作为主、支流的判断依据。也就是说，内江分水再多再大，都不是岷江正流，哪怕内江把外江金马河水全部分走，也不能认为是岷江主流。尽管现今都江堰拦水闸把岷江水全部都拦进了内江，但干涸的金马河还是岷江正流河道，因为它还承担着母亲河排洪泄洪的重要功能作用。岷江金马河是成都平原的第一大河，也是修都江堰后的天府之国第一河和天府之国的母亲河。

---

① 冯广宏：《都江堰文献集成（历史文献卷・先秦至清代）》，成都：巴蜀书社，2007年，第530页。

由此可见，以分水量大小作为主支流河的判断依据是有误的，这是造成对金马河认识误区的主要根源之一。

三、金马河不是成都平原的游荡河

一些人认为金马河是成都平原的游荡河，认为金马河常改变河道，然而，事实上没有发现岷江金马河有改变河道这一现象。古岷江时没有，修都江堰后的岷江金马河也没有改变过河道。人们之所以产生金马河是游荡河的这一潜在意识，是因为金马河在短暂的特殊情况下出现的特殊现象，造成人们对金马河是游荡河的误判。

其一，李冰修都江堰前，岷江经无数次洪水冲击在成都平原西边形成了固定河道，由此出现了"西边水涝东边干旱"的现象。若岷江河道在成都平原上是游荡的，那么，岷江河道为何没有游荡到成都平原东边去？从地势高低来看，都江堰地势高，成都地势低，岷江河道游荡到成都东边是完全可以的。然而，李冰修都江堰前，成都没有大水河道，说明岷江没有流经成都地域。这说明古岷江一直都有固定河道，并没有在成都平原上改变河道游荡。

其二，修都江堰后，岷江金马河作为都江堰的外江，也没有出现在成都平原上游荡的记载，金马河还是在原河道里流淌。至于明末金马河是"小河"，清初金马河在羊马河"起水"之说，这是因社会动荡，河道堵塞失修造成的短暂现象，并不是金马河游荡改变河道的事实。金马河在成都平原上游荡不定的认识是没有依据的。

人们对大河有一种惯性思维，总认为大河里都是大水。然而，因李冰修了都江堰后分为内外江和因层层分水，特别是明清时期船运达到高峰，拦断金马河水走船的现象常出现，金马河就出现了枯水断流现象，不符合人们对"大河"的刻板印象。其实，各县志史料上，也都有金马河是岷江正流的记载，《双流县志》中还有清乾隆年间岁修金马河之事记载等。因金马河常枯水或断流，加上人们的惯性思维，从而对岷江金马河形成误判。

四、为天府之国母亲河正名

首先，成都平原第一河、天府之国母亲河一直都存在着，它自李冰修都江堰的两千多年来，一直呵护着我们，而我们却不认识天府之国母亲河，这是多么的不应该。为成都平原第一河、母亲河正名，就是澄清岷江金马河的历史，还岷江金马河以历史真实。

其二，为天府母亲河正名，有助于更多的人了解金马河所承载的历史文化，如《华阳国志》中记载的五津，诗人王勃、杜甫、陆游等经过岷江金马河所留的诗，金马河上的千年神奇古渡和扬名海外的廊桥等。

其三，成都平原第一河即古岷江是古蜀对外交流的天然水道，早在商周时期就为古蜀文明的发展起着重要的推动作用。澄清岷江金马河的历史对我们研究岷江历史有着积极的作用。

其四，成都是世界历史文化旅游名城，为成都平原第一河和天府母亲河正名，能为成都这座历史文化名城增添底蕴。

其五，为天府之国母亲河正名，能让我们更清楚地认识我们的母亲河，爱护母亲河，更好地保护母亲河。

第四章
我参加岁修金马河的日子[*]

一、金马河年年岁修

据史料记载，金马河为岷江正流，河道宽阔，夏季涨洪水，河道会被严重冲毁，岁修十分重要。特别是民国二十二年（1933）四川叠溪大地震造成的洪水，将金马河的河床冲毁得更加严重。新中国成立后，为了最大限度地减轻洪水对成都平原的威胁，又封闭了羊马、江安、杨柳等河口，金马河便成为主要的排泄岷江洪水的河道。因岷江上游集雨面积大，每年都会面临汛期长、洪峰高、危害大等问题。因此，这一时期的金马河洪水，比以往还要严重。

《双流县志》就有乾隆时期金马河岁修记载：县属金马河、杨柳河、新开河皆源于岷江，而金马河水大，两岸之地，连年坍损，尝语人曰："人望高来水望低。今东流低则决而东，东岸崩矣。西流低则决而西，西岸塌矣。皆粮地也，弃之可惜，且为累。吾为尔计：须于冬春水涸时，就河中间浅处淘深，导使中流。两岸水冲处，急作支篓以撤开水势。且下可保不再坍。更每年修淘，将渐次淤起，仍可垦种矣。"[①]

新中国成立后，政府每年均组织人力岁修金马河，修筑堤防工程。在河床顶冲段做竹笼护岸，辅以挖河校正流向和加高培厚河堤等工程措施。

每年秋收割完谷子，金马河岁修就开始了。数以千计的人力汇聚在金马河

---

　　[*]　选编自蒋剑康：《成都擦耳岩》，成都：四川大学出版社，2022年，第67~75页，此次出版有增改。
　　[①]　双流县旧志丛书整理委员会编：《双流县志（乾隆版）》，北京：中国文史出版社，2014年，第7页。

上下游，擦耳岩是岁修的物资供应点，每到修河时候，金马河沿河一带的农户家中就会有修河民工借住。民工自带被子，找把谷草垫在地上，就是自己的床（如图1-4-1所示）。

图1-4-1　民工岁修金马河

资料来源：《双流县水利电力志》编辑组：《双流县水利电力志》，成都：四川新华印刷厂，1986年。

所谓岁修，就是修河，修河就是修河堤，重修被洪水冲毁的河堤，把河道中的沙石挑到河岸上堆积起来，形成河堤，其作用就是让河水被河堤拦住，让河水在河道中间流。

二、岁修属无偿劳动

金马河岁修，完全是政府派工的无偿劳动。

据《双流县志》记载："20世纪，金马河岁修均为群众投劳，后改为以劳折资，由县岁修工程指挥部统筹；进入21世纪金马河双流段沿河农民免去负担投劳折资费用，全由财政负担。"[1]

可见，21世纪之前，农民岁修金马河是无偿劳动。

然而，农民修河劳动是要记工分的，这个工分要拿回生产队进行年终决算。没有收入的劳动使工分增加但拉低了每年决算的工分价格。每天一个劳工，出早工记2分，上午和下午各记5分，全天从早到晚，也只有12分。

---

① 双流县地方志编纂委员会编：《双流县志（1986—2005）》，成都：四川科学技术出版社，2011年，第145页。

三、我参加的金马河岁修

1969 年年底，正好生产队组织金马河岁修事宜。于是，我父亲安排我参加了修河。父亲之所以叫我参加，是因为我是长子，下面还有两个弟弟和两个妹妹，父亲的体力弱，不能参加体力劳动，母亲是家庭妇女，体力更弱，连生产队的农活都不能干，何况修河是强度相当大的劳动。我父母是 1962 年下放回老家的工人，父亲原是四川省建筑公司的技术木工，母亲是雅安云母厂的工人。父母亲都不会干农活。母亲在家操持家务，父亲在生产队干点诸如为稻田放水等轻便的农活。我虽然毕业了，但身体还属于"半截子娃儿"①，但也该出工干活儿为家里挣工分了。

第一次参加修河，只能用锄头往篼篼里掏装沙石，让体力好的人来挑走。

掏装沙石，要拱背弯腰，双手紧握锄把，把沙石往篼篼里钩刨。开始还好，有力气，河道面上的沙石较疏松，几钩几刨就装满一篼篼了。

但慢慢地就不轻松了，钩刨完面上疏松的沙石后，下面的就很紧实，钩刨不动了。这是因为，经河水的长久浸透，沙石被牢牢地固定住了，那年代没有钢钎，没法戳撬疏松沙石。在我束手无策时，有人告诉我，先慢慢地，一点一点地刨个坑，从坑底钩刨沙石，让沙石从底层疏松垮塌。这才慢慢地懂得了窍门，知道该怎么做了。

掏装沙石绝不是一件轻松的活儿，一天下来，才知道其辛苦。拱背弯腰，双手握住锄头，一个劲地埋头干，偷不了半点懒。因为挑沙石的人站在你后面，就等着你掏满篼篼，他挑走，不是一个人，而是好几个人等着你掏，他们像看热闹似的站在你后面。

最让人受不了的事，是锄头刮在石头上，石头又掏不起来，锄头口子就在石头表面上刮，一使劲，石头发出"嗞嗞"的刺耳声，刺耳刺心，真让人受不了！干半天下来，腰酸背痛，躺在地上起不来，握锄头的双臂也抬不起来了，两手满是血泡且十指弯着伸不直，吃饭时也握不住筷子，更何况一想那"嗞嗞"的刺耳声，就真的不想再干了。

但慢慢地，腰杆酸痛习惯后又有所减轻，双手的血泡破了后成了厚实的茧巴，刺耳声也慢慢习惯了，二十天的修河，终于挺过来了。

①"半截子娃儿"意指"还未长大的少年"。

修河掏沙石装箢篼实在太辛苦，简直没有一点撑起腰杆歇一下的机会，不像他们挑沙石的，挑起走时压一下肩，回来时还可以休息一下。

于是，我总是想着挑沙石，不想再掏沙石了。但我才十四五岁，不知道挑得起不。当休息时（上下午各休息一次，20 分钟，让人们解手方便一下），我便拿起别人的扁担，试着挑了一次，脚在"打闪闪"，腰撑不起来，迈不开步，我不由自主地放下了扁担，不敢再试了。

我读初中时，每年的寒假，都参加了修河。到十七八岁时，开始与人换着掏挑沙石，后来就一直挑沙石了。

其实，专挑沙石也不是轻松的活儿，新堆积的河堤，高达十米以上。每挑沙石都是百来斤，一上午光走来走去，就让人够累的了，还要挑着百来斤沙石爬坡上坎，累得简直够呛。腰酸背痛脚打闪，最难受的是，双肩要经历红肿、起泡、破皮、起茧的过程，没有二十多天的磨砺和三四次的经历，是过不了这一关的，不能成为一名真正的岁修人。

我年年参加岁修，有过多次经历。十八岁初中毕业后，我成了一名地道的岁修人。

除掏沙石和挑沙石外，岁修金马河还有一项顶尖技术活儿，这就是"干钉"河堤。在堆积的河堤迎水面，干钉一层大石头，所谓干钉，就是没有任何水泥、石灰等黏合物，直接在河堤的迎水面砌一层均匀的大石头，要求表面要斜而平整，不得凹凸不平，石头大小要均匀，直径约 20 厘米，每个石头六边卡紧，不能松动。要达到上述要求，首要的就是要拉线，即斜坡线和砌石面。

做这种技术活儿是要挑人的。这是精明手巧、善动脑子、有力气的中青年人做的活儿。

干钉河堤，首先要在河堤迎水面挖底脚，埋下一排枕头石，然后在枕头石的基础上慢慢干钉。对于干这项技术活儿的人来说，一是要慧眼选石头，二是要低头眯眼观平面，三是干钉石头时，石头要三面靠紧，并要预想到后一个石头的干钉位置。

一个生产队能干这种技术活儿的人不多。每一次开始干这活儿时，都有水利会的人来，发现达不到要求的人，直接就叫回去了。

我反复观察，终于掌握了要点，于是被留下继续干。

干了半天下来，我才知道，这活儿也有流血的危险。干钉石头，首先要抱得起这直径 20 厘米左右，重二三十斤的石头，要把石头从石头堆里选出来，抱到干钉砌口处，流汗是自不必说的了。石头上全是沙，用手抱石头时，要抱紧，沙就成了肉与石间的磨合物，石在手中翻动，沙就擦破手掌，嵌入肉里，半天下来，没有不划破手流血的，吃饭时拿筷子都困难。那时没有手套，回家后找些破布缠在手上，第二天又继续干活儿（如图1-4-2）。

被洪水冲塌的河堤

干钉石堤面

浆砌堤面下也被水淘空

图1-4-2 民工修砂石干钉埂

据《双流县志》记载，1964—1985年，县境内金马河已建成……一般堤防（砂石干钉埂）12段，长10250米，竟修了十公里多长的河堤！[1]

但是，干钉河堤，实际上是好看不中用。大水一来，水浸入堤内，沙石就会往下滑，堤面上的干钉石就会滑到河里去（如图1-4-3）。

---

① 双流区地方志编纂委员会：《双流县志（1911—1985）》，成都：四川科学技术出版社，2016年，第209页。

图 1-4-3　被洪水冲垮的河堤面

修金马河，不管做哪样活儿，都是高强度且累人的，比小春割麦栽秧，秋天收割谷子都累，大家已把修河视为第三季农忙了。

尽管劳累，人们却还是争先恐后地参加岁修，主要是因为参加岁修有饭吃，管一日三餐。

那时，每年分配到各家的粮食是不够吃的，一般农户只够吃三季，会计划会节约的，每天只吃两顿，并且是用稀饭加蔬菜才拉扯过一年。参加修河，不图挣工分，只图有饭吃，能打一次牙祭就行。

修河吃饭的米是从哪里来的？是生产队准备的。

修河吃饭，是开集体伙食，生产队派人煮饭。在修河地点附近，找一户农户煮饭，自带米、油、菜、煤等，要煮早、中、晚三顿饭。

煮饭要用的油、盐、菜、煤，每样都要买，哪有钱买？

偌大一个生产队，每家每户一样穷，没有一分钱。好在当时的双流水利会，给修河每人每天补助两毛钱，每修河一次，按20人20天算，总计80元，也就是，20人一天有4元钱。冬瓜、南瓜、牛皮菜，四至五分钱一斤，三顿饭的菜，还有油、盐、烧的煤，平均4元是不够的。

为了省钱，就只有少买菜，少做菜，每十人只有一小盆菜。菜自然不够吃，咋办？诀窍就是多放盐。有时就买点郫县豆瓣，菜被抢完了，就舀半碗豆瓣和饭吃。

修河做的饭是用大木甑子蒸的离水米饭。先烧一锅水，把水烧得快开，在冒气泡了，就把淘过的米倒入锅，搅拌几下，不让米粘锅，继续烧大火催开，待锅中开始冒热气，看米开始微裂时，即开始离米，把米舀起来，舀到盆上的筲箕里，米汤就流到盆里了。然后，把锅洗干净，把大木甑子洗过后放到锅里，倒入冷水，淹到甑子脚一寸半即可。放入大木甑子，可先把水烧开，然后再将离水米饭用筷子慢慢擀入大木甑子里，盖上甑盖子，大火烧起，一直烧到甑盖子下滴汽水，再继续烧约5分钟，甑子饭就做好了。

吃用新收割的米煮的饭，不用吃菜，都可以吃饱，很香的！

然而饭再好吃，也不能没有菜，一天三顿，顿顿都是要有菜的。要保证修河工程的任务按时完成，绝不能在吃饭上亏待大伙，让劳工有怨言。

炒菜的菜油不用买，生产队每年留菜籽种时都留有余地去换菜油。每次修河，水利会将供应每人一斤盐肉，犒劳劳工修河的辛苦。

擦耳公社就在金马河边，每年修河上下游都有大量任务。除了擦耳公社外，全县范围内都要调派劳工参加岁修。此时的擦耳岩街镇，就成了岁修之都。

擦耳公社的管辖范围，包括下游的一、二、三大队，上游的九、十大队，河对岸的十一、十二、十三大队，除四、五、六、七、八等大队不在河边外，其余八个大队均紧挨着河边，每年的修河任务十分重。

我们是六大队，除九、十两个大队离修河近在家住外，在其他河段修河，修河工人都在农家住，即自带被子，晚上在煮饭的农家住。

对于年轻人来说，除干活儿时间劳累外，其余时间都挺开心的，几个年轻人在一起，吃了饭就打打闹闹，很好耍。

吃了晚饭，累了一天的劳工都要出来走走，休闲放松一下。擦耳岩就成了人们每晚必去转悠玩耍的街镇。

上午八点开工，十二点吃午饭，下午两点开工，六点收工，每天不少于八小时。修河是高强度体力劳动，一天下来很累。大家晚上都会休息或闲逛一会儿，放松心情。

那时的擦耳岩街上，没有什么可耍的和可玩的，大家就打赌耍——猜猜对面过来的人是男是女。在蒙蒙黄昏街头，真看不清对面过来的是男还是女。

有一次，有两个兄弟吃了晚饭后，在街头看到有热粽子卖，就馋了，于是打赌吃粽子，谁吃得少就谁给钱，在吃饱了晚饭的情况下，有个兄弟在吃下十二个粽子后，躺在地上就不能动弹了，其他兄弟找来木板将其抬了回去。

双流县电影队为修河劳工放过多次电影，就在擦耳岩的河坝坝头放。有《沙家浜》《红灯记》《地雷战》《地道战》《南征北战》《英雄儿女》等，晚上有电影看，大家就像过节一样高兴。

那年秋收刚完，我们队就被派往公社金马河西的上游十三大队岁修，我们住在一曹姓人家，对岸就是温江刘家濠场。那天天气很好，吃了中午饭要休息个把小时，我们几个年轻人好耍，有人说："到对岸刘家濠场去耍！""好！"有人响应，我也响应了。于是，我们四人一同过河去了刘家濠场，逛了一会儿，就往回走。

来到金马河边，有摆渡小船载人过河，我们先前也是乘这船过河的。可这时渡船在对岸，要等一会儿船才能过来。

此时，正直晌午，天上太阳一直金灿灿地照着。我们四人都戴了大盘子草帽，把上衣脱了拿在手里或搭在肩上。

那年我二十岁，正血气方刚，也不知天高地厚，于是提议："干脆，我们游过河去！"

"要得哇！"

我一提议，大家就响应了。其实我清楚，天气太热，大家都想下河冲冲凉，顺便游过河去，而且还可以节约两分钱的过河钱。

"你们游，我不干。"年纪最小的伙伴叫殷开树，但也 18 岁了，小名叫"龙娃儿"。

"那好，你给我们拿衣服裤子。"

正好不知道衣服裤子咋办，龙娃儿不下水，给我们把衣服裤子拿到对岸去。他答应了。头上还有草帽，咋办？

"戴在头上，下河就淹不到。"一句开玩笑的话，草帽浮在水面上指人就不会沉下水。大家说"要得"。于是，我们三人戴上草帽下河了。

除我外，一位是汪开银，比我大两岁；另一位是李腾全，比我稍小。

汪开银走前面，我排第二，李腾全在后面，三人戴着草帽，身穿短裤，就下河向对岸游去了。

下到河中，水淹到脖子，还真凉快舒服。金马河的水夏天凉得刺骨，但到了秋天，水就不刺骨了。

游着游着，发现有问题了。头上的大盘草帽，先是帽边沾水，往下坠了，并慢慢地盖住了头，我不得不一边游动，一边腾出一只手来，把草帽一遍一遍地往上掀。但没有游多远，草帽因为浸水沉重了，又因为帽绳缠住脖子，草帽反而掉在脖子前，把它推到脑袋后面去，一游动，它就又回到脖子前，把脸遮住，使你没法看到前面。我这样与草帽折腾着，不停地耗费着体力，心里一阵慌乱。我挣扎着看了前面汪开银一眼，只见他头上没有帽子了，我才明白，赶紧扯断帽绳，把草帽扔了，这才轻松了点。

我打量了一下我的位置，发现还在河中间。而汪开银尽管他游在前面，好像离岸不远了，但他老是上不了岸，老是看到他在离岸边不远的河中游。原来，他被卷入岸边的回水沱了。

这时，我后面传来"啊——啊——"的叫声，我回头一看，惊了——李腾全在我后面的河中老远，头前还有草帽挡住他，他"啊——啊——"的叫喊声，已经带着惊慌、绝望。

"把帽子丢啦——把帽子丢啦——"我向李腾全大声地喊。这似乎是我唯一能给李腾全的援助。

我的体力也消耗殆尽，但还得向河岸拼命游去。我情不自禁地回头看看被河水冲得愈来愈远的李腾全，他的头前面没有遮挡的东西了，我知道他终于把草帽给扔了。

顺着李腾全的眼光往下看，远处下游对岸河边，有一条小船，船上还有两个人正在河边捞柴。我一看，就伸起一只手向两人高喊："救命啊——救命啊——"边喊边指向下游的李腾全。我看到，船上的两人停住了手中的活儿，抬起头来在看我们。

但过了一会，船上的两人又做起了他们的活儿，不理我们了，我再怎么喊，他俩都不理我了，各自打捞起他们的柴来。

我的头脑忽然清醒过来，估计他们以为我们三人都在岸边了，没有危险，以为我喊"救命"是在开玩笑，于是不搭理我们，这可怎么办？我心里明白，只有上岸去喊了。

我抬头看了看前面的汪开银，他还在回水沱里游动，我向他喊道："往下游。"

我也避开回水沱往下游，使出全身力气，终于最先上了岸。

一上岸我就顾不得一切地朝对岸捞柴的两人喊话：

"救命啊——救命啊——"

我举起双手不停地摆动，边喊边指着还在河中的李腾全，向李腾全被冲到下游的河边跑去。这时的李腾全，一会儿沉下水不见了，一会儿又露出水面在挣扎，连说话的力气都没有了。捞柴的两人听到我的喊声，又看到河中有一人被冲下来了，感觉到这不是开玩笑，于是才动身，把船向李腾全撑去。船撑到河中时，李腾全沉入水中，被两人伸手抓住，拉上了船。

此时，汪开银也上了岸。他一上岸，就躺在了河岸边，累惨了。

这一次危险的经历让我至今难忘，回忆起来依然感到心悸。

1975年10月，我当了生产队队长，从那时起，我不但要组织生产队的劳动，还要负责组织完成公社和大队分配的金马河岁修工作。

那时的生产队队长，啥事都要一把抓。记得那次在擦耳岩上游修河，河边工地离我们生产队不远不近，也就三四里路，在工地边找了一户人家煮饭，早中晚三顿都在这里吃。早上，我一大早就要喊大家出发去吃早饭上工，晚饭后又放大家回去休息睡觉，第二天又重复。

"走啦——修河的走啦——"

早上天还没有亮透，我就要在村里转上一圈挨家挨户大喊。

人们就急匆匆起来出门了，因为要赶去吃早饭，去迟了就没有饭吃了。修河，一天吃三顿干饭，都是体力活儿，不吃饱是干不了活儿的。当然，我在工地上是要带头的，哪里的活儿多活儿重，我就得在哪里出现。

1976年4月，我作为擦耳岩公社回乡知识青年的代表，出席了双流县知识青年先进代表大会（如图1-4-4所示）。这年年底，我被推荐入学读书了。就在第二年三月入学前，我还组织了一次生产队的金马河岁修。

图1-4-4　双流县知青代表会擦耳代表留影（后排左一为笔者）

第二篇
岷江水道及成都水运码头

三星堆－金沙文化和南方丝绸之路表明古蜀在三千年前的商周时期就与外界有交流了,但交流的渠道在哪里,这一直是个谜。古蜀是通过岷江天然水道与蜀外交流的,这一发现便彻底解开了古蜀对外交流渠道之谜,也彻底改变和颠覆了千百年来我们对"蜀道难"的一贯认知,更为我们研究古蜀对外交流渠道开辟了新视角。

三星堆－金沙文化、南方丝绸之路、中国西南大都会,古蜀文明与华夏文明、世界文明同步发展。若没有岷江水道与外界的交流连接,这些成绩是难以取得的。而古蜀人对水的崇拜也达到了狂热状态。

岷江水道从成都到宜宾段就进入了长江水道。四川博物院古代四川厅《闭而不塞》栏目告诉我们,长江水道在新石器晚期已成为沟通四川盆地与长江流域其他地区的交通大动脉。笔者认为岷江上的擦耳岩就是古时的水运码头。

第一章

岷江水道

三星堆文化和南方丝绸之路是古蜀文明的代表，从商周以来，古蜀就已开始与蜀外通商交往了。

"蜀道难，难于上青天"说的就是古蜀四周都是难以逾越的高山，要想走出去非常困难。然而，上苍使古蜀四周被山挡住出路的同时，也给古蜀开了一条天然水道，让古蜀与外连接十分畅通。"千里江陵一日还""轻舟已过万重山"说的就是出川水道，这真是"出川易，易于走天下"。

岷江位于四川境内中部，其干流发源于松潘县岷山郎架岭及弓杠岭，经松潘、茂县、汶川而至都江堰，入成都平原，都江堰至新津段被称为金马河，又经彭山、眉山、乐山至宜宾与金沙江汇合。

一、岷江水道自然概况

岷江水道是岷江经都江堰入成都平原后至宜宾的一段河道。

李冰修都江堰凿离堆为成都引二江水前，成都无可行船河流，通过岷江运出所有物资，成都距岷江最近的是擦耳岩水运码头，今成都至宜宾段的岷江河道在古蜀时是繁忙的水运河道。

岷江水道流至宜宾后，一路继续沿长江至重庆出三峡入长江中下游，形成古蜀与各地连接交往的路线；另一路在宜宾上岸，经云南去印度，与中西亚各国形成了国际连接交往的路线。顺岷江水而下，快捷方便。尽管返航时逆水行舟费时费力，但与被山围绕的蜀道比，水道不失是条畅通路（如图 2-1-1 所示）。

据《岷江志》记载，岷江干流全长 711 公里，岷江干流以河源至灌县都江堰鱼嘴为上游，长 341 公里，天然落差 4035 米；灌县至乐山为中游，长 261 公里，天然落差 3570 米；乐山至宜宾为下游，长 154 公里，天然落差 96 米，说明成都（擦耳岩水运码头）至宜宾约 350 公里的岷江天然水道，落差小、水流平缓，是完全适宜载物行船的。[①] 岷江水道是天然的岷江河道，其得天独厚的自然环境条件，使古蜀社会的发展充满了神奇。

岷江水道示意图
成都
宜宾
擦耳岩
岷江水道
长江中下游
印度
五尺道
云南

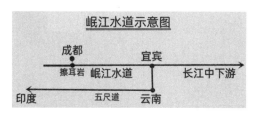

图 2—1—1　岷江水道示意图

二、岷江水道是古蜀对外交往最早的渠道

近期参观了四川博物院，在古代四川厅《闭而不塞》栏目中，有“南方丝绸之路、蜀道及长江水道”的相关介绍：长江水道在新石器晚期已成为沟通四川盆地与长江流域其他地区的交通大动脉。这说明长江上游的大支流岷江水道，在新石器晚期就是古蜀对外交流的交通大动脉了（如图 2—1—2 所示）。

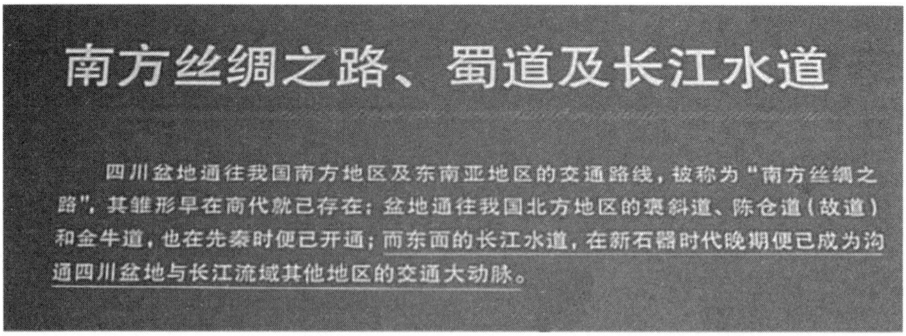

南方丝绸之路、蜀道及长江水道
四川盆地通往我国南方地区及东南亚地区的交通路线，被称为“南方丝绸之路”，其雏形早在商代就已存在；盆地通往我国北方地区的褒斜道、陈仓道（故道）和金牛道，也在先秦时便已开通；而东面的长江水道，在新石器时代晚期便已成为沟通四川盆地与长江流域其他地区的交通大动脉。

图 2—1—2　四川博物院相关展厅关于“南方丝绸之路、蜀道及长江水道”的相关介绍

① 冯广宏主编：《岷江志》，成都：四川省水利电力厅，1990 年，内部资料，第 11～12 页。

三星堆遗址一期文化从新石器晚期开始到夏代，距今已有四千年。三星堆遗址一期中发掘出的主要有玉器，如玉锥形器、螺旋形器等，但三星堆地区不产玉，玉器都来自外地。这就说明三星堆地区在新石器晚期便与外界有交往了。从三星堆遗址出土文物中，可以看到中原地区、长江中下游地区乃至东南亚、南亚地区的文化因素。气势磅礴的三星堆文化是四川盆地及周边各区群共同创造的伟大成果，古蜀人即源于川西北岷山一带。

从成都出发的中国南方丝绸之路开通于商代，古蜀通往北方的金牛道开通于先秦。可见，岷江水道从新石器晚期开始就通过岷江进入长江，成为古蜀对外交往交流的交通大通道了。这都说明，岷江水道是古蜀最早与蜀外交往联系的渠道。

三、岷江水道是古蜀对外交往的主要渠道

古蜀文明中心的成都，地处四川盆地西部，四面环山，犹如一座四周被紧紧封闭的城堡。古蜀要与外界交往交流，靠山路翻山越岭走出去是非常难的。然而，岷江流经成都平原后在宜宾与金沙江汇合，成了古蜀的天然水道，形成了古蜀文明中心——成都对外交往交流的主要渠道。

岷江水道是天然河道，也是古蜀最早最主要的交通渠道。代表着古蜀文明的三星堆遗址和金沙遗址出土的文物表明，古蜀对外有着紧密的联系，其主要渠道就是岷江水道。

著名历史学家李学勤先生认为：三星堆文化里面，可以很清楚地看到中原文化的影响[①]；专家段渝先生认为：中国丝绸早在公元前 11 世纪已传至埃及[②]，到公元前四五世纪时，中国丝绸已在欧洲流行；南方丝绸之路是中国四川通往南亚、西亚并进一步通往西方的最早路线，早在商代中晚期，南方丝绸之路已初步开通[③]；南方丝绸之路的起点为古蜀文明的中心——成都。[④]

长江水道是"四川盆地与长江流域其他地区的交通大动脉"这一权威论

---

① 李学勤：《三星堆文化与西南丝绸之路》，段渝主编：《巴蜀文化研究集刊（第 7 卷）》，成都：巴蜀书社，2012 年，第 11~12 页。

② 段渝：《中国西南早期对外交通——先秦两汉的南方丝绸之路》，段渝主编：《巴蜀文化研究集刊（第 7 卷）》，成都：巴蜀书社，2012 年，第 11~32 页。

③ 段渝：《中国西南早期对外交通——先秦两汉的南方丝绸之路》，段渝主编：《巴蜀文化研究集刊（第 7 卷）》，成都：巴蜀书社，2012 年，第 11~32 页。

④ 段渝：《中国西南早期对外交通——先秦两汉的南方丝绸之路》，段渝主编：《巴蜀文化研究集刊（第 7 卷）》，成都：巴蜀书社，2012 年，第 11~32 页。

断，就说明长江上游的岷江是古蜀对外交流的主要交通渠道。

（一）岷江水道是古蜀人和羌人南迁的主要途径

四川博物院古代四川厅展示的《五尺道路线示意图》表明古蜀顺岷江南下有五尺道，从成都沿岷江而下到宜宾，上岸走云南昭通的路线图。五尺道还是古蜀国道。笔者认为李冰修都江堰引二江水于成都前，岷江上的擦耳岩水运码头发挥着重要的作用。

四川博物院古代四川厅展示了"蜀人南迁"，说的是战国末年秦灭蜀，蜀安阳王子率兵将三万辗转南迁，最后到达交趾地区（今越南北部）建立王朝之事。安阳王子南迁，证明他知道古蜀南下有"五尺道"，顺岷江而下到宜宾，上岸走云南昭通等，可再南移。

段渝认为蜀与西南夷之间早有商道可通。"《蜀王本纪》和《华阳国志》记载古蜀'五丁力士'的主要任务是担任国家工程的修建，而凿山开道、开辟和维修交通路线又是五丁力士的最重要功能之一。……而五尺道是古蜀国通往西南夷地区的道路。"① "五尺道的开通应始于商周时代。史籍关于杜宇入蜀的记载，为这条交通线路开辟的年代在商代晚期提供了有力证据。史称杜宇为朱提人，朱提为今云南昭通，由云南昭通北上，经大关、盐津至四川宜宾，正是五尺道所经由的线路所在。杜宇由云南昭通入蜀，只可能走这条线路，再从今四川宜宾沿岷江河谷北上达蜀地。杜宇为云南之濮，杜宇入蜀当是以他为首的整支族群入蜀，否则不可能具有如此强大的力量和社会基础，在蜀地推翻古蜀王鱼凫氏的统治，'自立为蜀王'，建立起杜宇王朝。可见，杜宇氏族从昭通入蜀，表明五尺道至少在商代晚期就已经开通的事实。"② 由此可知，岷江早就是可航行的宜宾至成都的古蜀天然水道，可逆水上行。

彝族先民是从云南昭通渡过金沙江迁徙进入凉山的，这一说法可以从彝族口述史和凉山彝文典籍中找到依据，如《指路经》等。这说明古蜀时就存在一条国道，而商周时期就有五尺道。

乐山市峨边县、马边县的彝族是从大凉山北上经美姑搬迁到小凉山的。小凉山彝族姓氏文化研究者黄兰认为："四川省乐山市峨边县与马边县的彝族人，

---

① 段渝：《五尺道开通时代考》，段渝主编：《巴蜀文化研究集刊（第7卷）》，成都：巴蜀书社，2012年，第43页。
② 段渝：《五尺道开通时代考》，段渝主编：《巴蜀文化研究集刊（第7卷）》，成都：巴蜀书社，2012年，第43~44页。

是从大凉山迁居而来的。"① 可见，岷江水道是古蜀人和羌人南迁的主要途径。

（二）岷江水道是南方丝绸之路的一段重要通道

陈显丹在《古代文化的交流与五尺道》一文中记述了对五尺道的考察情况
详情如下。

> 2010 年 4 月 10 日上午 8 点整，由四川省文物考古研究院、国家博物
> 馆、陕西省文物考古研究院、内蒙古博物院、南京师范大学、首都博物
> 馆、四川大学产业经济研究所等单位组成的盐道、石门道、五尺道考古探
> 险团对有争议的"五尺道"展开了实地的调查研究。②

> 调查结果，大家一致认为这次考察的古道就是史书里记载的"五尺
> 道"，它不是一级行政单位，而是一条道路。就五尺道的开凿年代来讲，
> 我个人认为它应该早于秦代。③

> 从我们的考察来看，从宜宾到云南昭通、曲靖的五尺道，早在秦开五
> 尺道之前已有，并非秦开，也非李冰时期开凿，而在很早时期就已有这条
> 道路。④

由此可知，五尺道是南方丝绸之路商周时期就有的商贸通道，是古蜀很早
就连接岷江水道的一条对外交流通道。南方丝绸之路有两条路。一条是灵关
道，是由成都南下，经邛崃、雅安、汉源、西昌，渡金沙江进入云南大姚到大
理。另一条是五尺道，是由成都南下，经宜宾、昭通、威宁、曲靖至昆明，然
后往西经楚雄，到大理与灵关道汇合，通往印度。两条道相比，灵关道全是陆
道，五尺道则连接了成都至宜宾约 350 公里的岷江水道。可见，岷江水道是南
方丝绸之路的一段重要通道。

---

① 黄兰：《浅谈小凉山彝族姓氏文化——以乐山市峨边县、马边县为例》，《神州》，
2018 年第 27 期，第 8～9 页。
② 陈显丹：《古代文化的交流与五尺道》，段渝主编：《巴蜀文化研究集刊（第 7 卷）》，
成都：巴蜀书社，2012 年，第 48～49 页。
③ 陈显丹：《古代文化的交流与五尺道》，段渝主编：《巴蜀文化研究集刊（第 7 卷）》，
成都：巴蜀书社，2012 年，第 49 页。
④ 陈显丹：《古代文化的交流与五尺道》，段渝主编：《巴蜀文化研究集刊（第 7 卷）》，
成都：巴蜀书社，2012 年，第 49 页。

（三）岷江水道发生的两次战争

在岷江水道上曾发生过两次战争，一次是战国中期秦国司马错的"浮江伐楚"，另一次是东晋"桓温伐成汉"，说的都是沿岷江入长江攻打楚国之事。春秋战国秦名将司马错灭蜀后，发起了"浮江伐楚"，事件发生在李冰修都江堰之前，成都无可行船载物水道，司马错率巴蜀军及船舶浮江伐楚，利用岷江水道出重庆三峡伐楚国，岷江及长江是司马错率巴蜀军伐楚的水运大通道。

东晋"桓温伐成汉"[①]是发生在岷江水道及长江的又一场逆水而行的战争，是东晋王朝灭蜀成汉之战。公元346年，东晋桓温提议伐蜀，桓温率军从长江逆水而上，利用蜀成汉李势自认岷江逆水天险易守难攻之大意，从长江逆水而行，到达青衣（今四川省眉山市青神）、彭模（今四川省眉山市彭山），直抵成都，成汉被灭。

司马错"浮江伐楚"是顺江而下，"桓温伐成汉"则是逆水而上，这说明岷江水道是古蜀四川天然的交通大通道。

岷江上发生的水战，成都百花潭出土的战国嵌错水陆攻战纹铜壶有清晰的描绘战争场景的相关纹饰（如图2-1-3所示）。

图2-1-3　成都博物馆展示的战国嵌错水陆攻战纹铜壶纹局部图

岷江水道是古蜀对外交流的主要渠道，是中国西部交通的重要枢纽。成都平原是青藏高原至长江中下游平原的过渡地带，这里是民族众多、迁徙频繁、交往密切的地区，也是古蜀成都与周边文化不断交流、碰撞与融合的地区，这与岷江水道在其中发挥着重要的交通枢纽作用是分不开的。

（四）岷江水道对古蜀文明发展有着极大贡献

岷江水道是古蜀对外交往的大通道，对古蜀文明的发展有着极大的贡献。

---

① 参见何一明、王苹主编：《成都历史文化大辞典》，北京：社会科学文献出版社，2018年。

在三星堆遗址出土的文物中，青铜尊、青铜罍及玉璋、玉琮、玉璧、玉戈等与黄河流域的出土文物有一致性，显示三星堆遗址具有中原文化的共同属性。而大家所熟悉的青铜立人、青铜神树、青铜纵目面具等造型奇特、大气恢宏的文物，既昭示古蜀文明的灿烂辉煌，也彰显了中华文化的丰富性和多样性。三星堆遗址出土了五千多枚海贝，经鉴定来自印度洋。"海贝币"是当时的一种货币。从三星堆出土的"海贝币"大多数背部是磨平的，可以穿孔，这样就便于将若干海贝系串起来。三星堆出土的海贝币年代约在商代，这也就印证了早在三星堆文化时期，古蜀与南亚已经有了商业往来和文化交流。从三星堆遗址出土的文物来看，文明程度已经非常之高，先进的冶炼技术、精美的文物造型等，说明古蜀文明和世界文明始终存在交流。汉张骞出使西域，在大夏蓝氏城（今阿富汗瓦齐拉巴德）见到了产自古蜀的邛杖、蜀布。这说明，古蜀通过天然岷江水道，早就与国外有交流了。①

从三星堆遗址和金沙遗址出土文物来看，古蜀文明一直是开放包容的。古蜀文化的来源是多方面的，既有古代巴蜀的本地文化，也受到了其他外来文明的影响。除了受到中原、长江中游等文化的影响，古蜀文明与世界文明也有着广泛的联系。

古蜀文明的中心是成都，三星堆遗址距成都 40 公里，岷江距成都 20 公里。岷江属天然水道，易于通航。成都利用岷江水道与外界交流，经济得到大力发展，成为西南的大都会，因而有"扬一益二"之说。岷江水道是古蜀的主要通道，发挥着重要的作用。

大量事实说明，古蜀对外交往的"宽度""广度"和"方便快捷"程度，超出我们的想象。因此可以说，岷江水道是古蜀主要的交通通道，也是最重要的交通要道。我们不仅感叹古蜀对外交流的神秘神奇，更赞叹岷江水道对古蜀文明发展所做出的极大贡献。

---

① 陈显丹：《古代文化的交流与五尺道》，段渝主编：《巴蜀文化研究集刊（第 7 卷）》，成都：巴蜀书社，2012 年，第 46～50 页。

第二章
岷江水道对古蜀人的影响

四川盆地河流众多，多可通航，岷江和嘉陵江至长江的航路，横贯成都平原和川东地区，是巴蜀通往长江中下游的交通大动脉。秦巴山脉及横断山脉中的各条河谷成为巴蜀先民走南闯北的交通要道，北与中原地区往来，南与西南各族保持着密切联系。

岷江是古蜀成都对外交流的主要河流，岷江水道对古蜀人民的影响是非常大的。

一、古蜀人对岷江水道的崇拜

岷江水道在古蜀起着交通大动脉的作用，对古蜀文明发展做出了极大贡献，因此，古蜀人对岷江水道是很崇拜的。岷江水道是载舟之道，与外界联系交流之道，更是文化、财富之道。由此，古蜀人认为岷江水道是神灵之水道，岷江激流涌浪是神灵活的体现和活的化身。

（一）对岷江水道的崇拜

三星堆遗址出土的青铜兽面把岷江整个水道作为神灵崇拜。头顶上两边为浪涌，中间为载物航行的船，更令人惊叹的是，两边的浪涌和浪花仿佛在向江中的载物之舟深深地鞠躬、膜拜。古蜀人把水道作为神灵顶礼膜拜，表达了对水道的崇拜之情（如图 2-2-1 所示）。

图 2—2—1 三星堆博物馆展示的水道神灵图

（二）对水浪的崇拜

古蜀人认为水浪是水灵活的化身，是水灵神再现。古蜀人把水浪作为图腾放于面具上，以示崇拜，也把水浪放铸在铜尊等器物旁边，以增强器物强度，同时彰显人民对水浪的崇拜之情（如图 2—2—2、图 2—2—3 所示）。

图 2—2—2 三星堆博物馆水浪神灵崇拜面具

图 2-2-3 水浪柱

（三）水滴神图

成都百花潭出土战国嵌错水陆攻战纹铜壶纹样图，就是以江水激流涌浪为纹饰分隔图案，其壶盖则以三滴水浪做中心，以深林之众兽围绕其中，形成了一幅精美的水滴浪神图，犹如金沙遗址出土的太阳神鸟图一样，透露出一种神秘图腾之感（如图 2-2-4 所示）。

图 2-2-4 成都博物馆展示的战国嵌错水陆攻战纹铜壶纹样图（左）与壶盖特写（右）

四川博物院展示的铜壶上凸出的四水滴图，也展示了古蜀人的水滴图腾之意（如图2－2－5所示）。

图2－2－5　四川博物院展示的铜壶

（四）涟漪纹图

把一块石头扔到河里就会激起一圈圈涟漪。古蜀人便根据这一圈圈涟漪绘制成水涟漪纹作为铜尊等器物的装饰（如图2－2－6所示）。

图2－2－6　铜尊上的涟漪纹

（五）水浪纹饰

水浪纹饰在古蜀是十分常见的，如三星堆博物馆的大立人衣饰有一圈一圈的水纹、铜尊上满布水浪纹，天府广场出土的石犀牛的身上也有水浪纹。

李冰修都江堰穿二江于成都，河水泛滥，李冰为镇水妖，制五头石犀牛，石犀牛的头部、腿部、臀部均有水浪纹。可见，水道浪涌的意象已深入古蜀人的心中（如图2-2-7所示）。

图2-2-7　石犀牛身上的水浪纹

二、载魂船棺

成都等各地出土的船棺表明它与古蜀水道有关。为什么这些人死后要用船棺埋葬？这些人可能一生都与船有关，或这个家族与船有关等。船给他们带来了无尽的财富和荣耀，让他们享尽了人间的繁荣富贵，所以死后他们也采用了与船有关的埋葬方式。

船棺是用硕大的金丝楠木整棵树做成的，使用船棺的这些人或这个家族是很富有的。这就是说，他们崇拜水道，而船是水道中重要的交通工具，船给他们带来了财富。他们是古蜀时代的大户人家，他们的一生都与船有关，死后也要用舟载魂入天。

通过船棺葬可知古蜀人受水道的影响是很深刻的，连人死后都要走水路（如图2-2-8所示）。

图 2—2—8　成都博物馆展示的船棺

第三章
成都水运码头——擦耳岩

一、李冰修都江堰前成都无行船水道

据史料记载，南方丝绸之路最先开通的是水路，从成都至宜宾段上岸，转去云南等地，陆路是汉司马相如开通雅安、西昌及云南的西夷道。然而，秦李冰修都江堰前，成都并无可行船的水道。我省著名历史学家蒙文通也提出了"成都无水道"的问题。"一若李冰之前成都无水道，岂其然乎？"①

其一，李冰凿离堆引二江水于成都，为成都开辟了可行船的水道，司马迁在《史记》中把李冰修都江堰列在"行舟"为主的航运工程类，说明司马迁认为李冰修都江堰的主要是为成都开辟水道行船。交通是地方政府的血脉，为成都开辟行船的水道，自然是地方政府生存与发展的第一要务。因此，李冰穿二江于成都，本身就说明之前成都是无行船水道的。

> 于蜀，蜀守冰凿离堆，辟沫水之害，穿二江成都之中。此渠皆可行舟，有余则用溉浸（浸）。②

其二，李冰穿二江于成都后才修了七桥，七桥都修建于二江之上，这又佐证了成都之前是无行船河流的。

---

① 蒙文通：《巴蜀古史论述》，成都：四川人民出版社，2018年，第211页。
② 司马迁：《史记全本新注（第2册）》，张大可注释，武汉：华中科技大学出版社，2020年，第838页。

二、擦耳岩水运码头

之所以要在擦耳岩建水运码头，是因为它是岷江离成都最近的渡口。成都的丝绸织锦加工交易等主要集中在成都城南锦里、簇桥、金花等一带，距擦耳岩只有 20 千米左右。运送物资时，人挑马驮小车推，半天即可到达擦耳岩。因此，在擦耳岩建水运码头，是合情合理的。

由此可知，擦耳岩水运码头的命运与成都的对外交流需求紧密相关。

第四章
考察擦耳岩水运码头遗址

擦耳岩为古蜀时期的成都岷江水运码头，若能发现遗址遗物证实擦耳岩是真实存在的岷江水运码头，将为相关研究提供重要的参考，其历史价值和现实意义都是非常重要的。由此，笔者对擦耳岩水运码头遗址进行了考察，一是码头遗址的考察，二是码头居住遗址考察。

一、擦耳岩水运码头遗址

古岷江是指秦李冰修都江堰内江分水之前的岷江。那时的岷江，水大江宽，东岸在今天金桥社区的金红路，斜坡下为水运码头区（如图 2－4－1 所示）。

图 2-4-1 为原岷江金马河东岸码头区

古蜀岷江擦耳岩水运码头，存在于千年以前，但至今为止还没有发现有可直接证明为码头遗址的遗物。

尽管没有发现水运码头的遗物，但不能否认水运码头的存在。这是因为岷江许多码头都是自然码头，船只小，载重轻，河边一靠岸就可装货卸货。所谓码头，只是载货船能靠岸就行，最多在船边搭个木板即可。同时，因岷江水随季节的变化而随时涨落，水运码头不可能永远固定一处。

岷江擦耳岩河边有着宽敞的沙滩斜坡，是天然的装卸船水运码头，不需要特别的固定建筑，因此没有什么特别建筑物遗留。这说明没有发现擦耳岩水运码头遗址遗物是正常的。

后来的千余年间，擦耳岩都是过河摆渡的渡口，有比较固定的摆渡船码头遗址，但至今河边也没有古渡遗址遗物留下，更别说简单宽阔的水运码头遗址了。

因此，没有发现岷江擦耳岩水运码头遗址遗物是很正常的事，但不能因此否认擦耳岩水运码头的存在。

二、擦耳岩水运码头居住聚落区考察

由于岷江水大常淹到现在的金红路碉堡坡坡，因此，码头民居聚落应在碉堡坡坡上的李家寺（如图 2-4-2 所示）中的"擦耳岩水运码头聚落区"。这里是水运码头管理者和居民的聚居地，即现在的李家寺居民区。

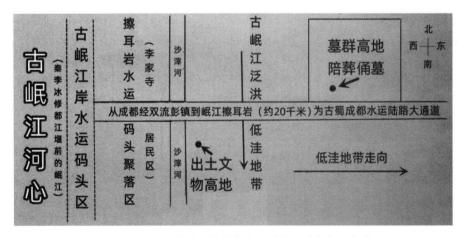

图 2-4-2　古蜀岷江擦耳岩水运码头地面分布大体图

擦耳岩码头聚落区地势高，是岷江东岸的天然高地，偏东有条小河，原叫"沙滓河"，清朝因大朗和尚化缘修整了这条河，因此又叫"大朗河"。再朝东就是一片低洼水田地带。双流收藏家郑俊伦先生对笔者说过，这里是岷江涨大水时冲出来的洪泛低洼地区，宽约千米。

李家寺居民区即码头聚落住地，擦耳岩水运码头似乎没有断过民居。由于古蜀民居简陋，都是竹木草泥等建房，房屋常年维修翻新，因此，居住区并无建筑遗物等能够保持多年不变，也就无遗址、遗物等可考察、考证了。

这里之所以叫"李家寺"，是因为这里在明朝修了座庙宇叫李家寺。该寺大雄宝殿雄伟，形成了四合院。李家寺算是这里能见到的较早较成规模的建筑物了。从民国时期开始，庙里办起了"民国小学"。20世纪60年代，因扩建擦耳中学校，庙宇被拆除，庙里菩萨全部砸烂就地挖坑掩埋了，从此这里再也找不到相关遗址遗物了。

尽管没有发现码头聚落区遗址遗物，也不能否认古蜀岷江擦耳岩成都水运码头的历史存在，就像现在找不到李家寺的遗址遗物，我们也不能否认李家寺存在的历史一样。

三、发现水运码头修补船专用工具出土文物

20世纪80年代，擦耳岩出土了两件文物，一件是铜染具，另一件是铜壶。双流区资深文史专家王泽枋说，这两件文物是在改革开放初期发现的，是在擦耳公社时期，擦耳岩文昌宫高地开窑烧砖挖出来的。农民把两件文物当废铜烂铁卖到彭镇废品收购站，收购站打电话告诉了双流文管部门。结果成都市文物管理局派人收走了，还去文昌宫现场考察了一番。王泽枋先生还陪成都文物管理局相关人员到现场去了。

出土文物地点在擦耳岩文昌宫，目前这两件文物都在成都博物馆展示。

在考察擦耳岩水运码头时，我突然想起，成都博物馆展示的"铜染具"当是擦耳岩水运码头修补船的专用工具"熬胶炉"。2023年7月26日，我再次到成都博物馆对其中的铜染具进行了观察，进一步对其做研究分析。

铜染具（如图2-4-3所示）产于汉代（前202—220年），长19.6cm、宽5cm、高14cm。

现在笔者才发现，它当是修船补船专用工具，是用于熬胶熬漆修补船板缝隙的专用炉具，应叫"熬胶炉具"。

熬胶炉具的发现，佐证了岷江擦耳岩水运码头的历史存在。

图 2-4-3　擦耳岩出土的铜染具（熬胶炉具）

四、发现陪葬俑墓疑为水运码头官吏墓

在擦耳岩水运码头聚落区东边，有一片岷江洪水泛洪低洼地带，走过低洼地带就是一处墓群高地（如图 2-4-2 所示）。

双流收藏家郑俊伦先生对笔者说过，殷家院子与我们大队之间是一片低漕田，这里历史上可能是洪水河漕。

过低洼地往东，是一处较宽阔的高地，近来才醒悟，这就是擦耳岩水运码头聚落居民的墓地。

1964 年夏天一场大雨后，我家后面的高地，被小溪涨大水冲垮了，齐刷刷露出三座重叠墓，上面两座墓是很好的棺材墓，最下面的是一座大砖墓，里面还有很多陪葬人俑。

那年我十岁，记得父亲还把墓砖用来做猪圈垫板。陪葬俑均为泥色，有一尺来高，形态粗糙，一群孩子捡来玩耍。1966 年，陪葬俑几乎见一个被打烂一个。

经查历史陪葬制，商周时大官吏为身边活人陪葬，秦汉时用人俑陪葬，西安秦始皇兵马俑就是这样的陪葬制，有陪葬人俑的当是秦汉时期地方官吏墓。

五、发现墓群地为水运码头居民墓地

现在建成的新农村家园就是当年擦耳岩水运码头居民的墓群高地，这就是彭镇永和村的和馨家园和谐家园区（如图 2-4-4 所示）。

图 2-4-4　建在墓群高地上的永和村新区

这里原来也是村民林盘，住有四五十户人家，我家和我妻子娘家都住在这块高地上。这里出现过陪葬俑墓和重叠的众多坟墓，还有被挖出来的棺材板。这里就是历史上擦耳岩水运码头聚落居民的墓群高地。

除永和新村的和馨家园和谐家园外，东边还有一大片墓地（如图 2-4-5 所示）。

图 2-4-5　永和新村"和谐家园"旁的千年老墓地（今为稻田）

树林前的稻田原也是墓地，后开荒成地，近年来引水成了稻田。

树林里至今都是新旧墓地（如图 2-4-6 所示）。不过，现在不是棺材墓，

而是骨灰坛坟，一抔小土丘即可。若三五年无人祭坟，便被雨水冲平或被野草
湮没，再也找不到坟在哪里了。这块墓地就是千百年前的旧坟遗址。

图 2-4-6　树林里的新旧墓地

以前这里被挖出来的棺材板很多。这些棺材板，人们觉得不吉利，所以都
不用来烧火煮饭，更不拿来做家具等，而是用来在沟溪路边搭桥，20 世纪这里
随处可见。

2023 年 6 月 23 日，我还找到了三块搭在沟溪边上的棺材板（如图 2-4-7
所示）。

图 2-4-7　家乡沟溪边上的棺材板

众多墓葬的发现说明此地居住的人较多，估计这里临近擦耳岩水运码头的
居民区。

擦耳岩水运码头居民决定选择永和村这块高地有三大因素：其一，擦耳岩李家寺住地离岷江近，地盘也小，受岷江涨水等影响较大，没有多余的地做墓地；其二，李家寺居民区往东是低洼地带，不能做墓地；其三，李家寺居民区再往东的一片高地，是擦耳岩水运码头附近居民常走的地方，居民对此地很熟悉，不宜做墓地选址。因此，永和村高地是再理想不过的墓园地了。

永和村的村民历史上基本是清朝湖广填四川移民来的，这里最早是一片荒地。据史料记载，本荒地北上方近处，来得早的移民有蒋氏家族蒋廷赞，建有蒋家庙；再近点的，有刘氏家族，以"川西夫子"刘沅为代表，建有刘家祠堂；在本高地上，移民来的有覃氏家族，此地有"覃家巷子"之称；还有汪氏家族，这里又有"汪家碥"之称。再后来，这里又搬来了姓杨的、姓袁的、姓李的、姓胡的、姓殷的等。但大家都不知道建房造屋、开荒种地之下竟是擦耳岩水运码头古蜀时代的墓地。

从新石器时期至李冰修都江堰前，擦耳岩水运码头是成都最近的水运码头，是古蜀四川通过岷江进入长江的交通大动脉通道起点的码头。

经以上考察分析，笔者认为擦耳岩水运码头是客观存在的。

其一，古蜀岷江擦耳岩水运码头遗址，尽管没有发现遗物，但不能否认其存在，因为那时是在岷江岸边自然停靠即可，不需要特别的码头设施建设等，就连擦耳岩千年摆渡的固定码头都没有留下码头相关的遗址遗物。

其二，擦耳岩水运码头聚落区遗址的考察，也没有发现遗留物，但不能说水运码头聚落区没有存在过。正如码头聚落区里的李家寺，消失不到百年，其建筑宫殿还很宏大，即便现在找不到遗物，也不能说李家寺没有存在过。

其三，擦耳岩文昌宫出土的熬胶铜炉具，是擦耳岩水运码头修船建船的专用工具，其特殊的用途说明它是本地文物，它的出土，佐证了擦耳岩水运码头的真实存在。

其四，陪葬俑墓的发现，佐证这里有地方官吏，而这座陪葬俑墓只能是擦耳岩水运码头官吏的。

其五，发现的众多墓，其墓主人最可能来自擦耳岩水运码头民居聚落区。

综上说明，古蜀岷江擦耳岩水运码头，是历史上客观存在的。

加之李冰修都江堰前成都无载物行船水道，擦耳岩为成都最近的岷江水运码头客观逻辑推理，擦耳岩为古蜀岷江水运码头，是真实可信的。

六、东汉益州牧刘璋派重兵驻守擦耳岩

成都擦耳岩水运码头是成都重要的商贸交通枢纽和物资集散地。东汉末年，益州牧刘璋派了重兵驻守擦耳岩。常璩《华阳国志》有"四曰涉头津。刘璋时召东州民居此，改曰东州头"[①]的记载。

历史上的东州兵源于东汉黄巾起义，发展于蝗灾、兵灾乃至董卓之乱，终于在李傕、郭汜时期发展到顶峰。大批南阳和三辅民众流向了益州，而皇室宗亲刘焉为避中原之祸，也放弃朝廷高位，主动要求赴偏远的益州当州牧。但益州当地地方势力强大，刘焉势单力薄，无法驾驭当地的土豪士族。为弹压益州地方势力，刘焉就利用入蜀东州流民寻求生存空间的迫切愿望，收编招募流入益州的南阳、三辅等地的流民，组建了数万名东州兵。

由流民组成的东州兵都知道，要想获得生存空间，唯有依靠刘焉，拼命战斗，因此，东州兵在每次战斗中都十分英勇，为刘焉赢取了节节胜利。

刘焉也借助东州兵很快压制了益州当地的乡绅士族，在益州站稳脚跟后，成为益州的土皇帝。刘焉死后，其子刘璋继位，为了维护政权，安置好东州民，刘璋将一部分东州民安置在了益州，还有一部分东州民被派驻到物资集散地的擦耳岩。

若控制住了擦耳岩，从某种意义上说就握住了成都大都会的咽喉。守住擦耳岩，就守住了古蜀的经济命脉。成都和擦耳岩都是古蜀的经贸重地。

---

① 席子杰、迟双明主编：《中国古典名著·第8卷·杂史》，西宁：青海人民出版社，1998年，第573页。

第五章
成都南方丝绸之路主辅道

一、专家对南方丝绸之路的研究

南方丝绸之路是我国最早对外交流的国际通道，也是古蜀对外交往的第一条国际经济文化交流渠道。

专家们发现三星堆遗址发掘的文物中带有明显的印度文化和西亚文化的特征，从成都出发的南方丝绸之路，早在商代即已初步开通。段渝认为其年代可上溯到公元前 14、15 世纪，迄今已有 3400 余年。①

根据段渝的研究，南方丝绸之路从成都出发有两条路，一条是成都至邛崃段，经陆路去云南，另一条是成都至彭山段，经水道至宜宾上岸转云南。

> 至迟在商代，蜀与中国以外的一些地区和国度就已建立并发展了商品贸易关系。从商周以迄战国，与蜀通商的主要外域地区有南亚、中亚、西亚和东南亚。②

再看由何一民、王毅共同编著的《成都简史》所记载的两条路：

> 南方丝绸之路，以成都为起点，向南分为东、西两路……
> 南方丝绸之路之西路，称"灵关道"，即从成都出发，经临邛、

---

① 参见段渝：《成都通史·卷一·古蜀时期》，《成都通史》编纂委员会主编，成都：四川人民出版社，2011 年。
② 段渝：《成都通史·卷一·古蜀时期》，《成都通史》编纂委员会主编，成都：四川人民出版社，2011 年，第 238 页。

旄牛（汉源）等地至大理。南方丝绸之路之东路，又称"五尺道"，即从成都出发，向南经宜宾、昆明等地到大理。东、西两路在大理汇为一道继续西行，从保山出发，至瑞丽，从而抵达缅甸八莫，跨入外域。通过这条通道，巴蜀地区的丝绸、蚕种、缎匹、栽桑养蚕技术、丝织工艺及食盐、漆器等传到了东南亚、南亚、中亚，以及欧洲等地区，而这些地区的象牙、玛瑙、药材以及先进科学技术和动植物等亦不断流入蜀地乃至整个中国。东西方以丝绸等商品为媒介，通过这一条漫漫"丝路"，推动了经济与文化的交流与融合。①

从《四川简史》和《成都简史》可知从成都出发的南方丝绸之路有两条，一条是从成都至宜宾段的水道，在宜宾上岸去云南；另一条是从成都至邛崃的陆道，经雅安、西昌去云南，两条道在云南汇合，通往印度，形成了古蜀南方丝绸之路国际商贸通道。

二、南方丝绸之路分主辅道

南方丝绸之路分两路，一路是由成都去邛崃的陆道，一路是由成都去彭山、宜宾的水道。早在商周时期，南方丝绸之路就开通了，而当时成都无行船水道，擦耳岩就是成都唯一的岷江水运码头，丝绸只能在擦耳岩水运码头上船，通过古蜀水道去宜宾，到宜宾上岸去云南、印度，千余年来，蜀地都依靠此道与国际沟通，这就是南方丝绸之路的主道。李冰修都江堰后，成都慢慢有了行船水道锦江，才直接去了彭山。汉时开通了辅道陆路，从成都到擦耳岩去邛崃。

（一）南方丝绸之路主道，又称"五尺道"

南方丝绸之路最早的道是从商周就开通了的岷江水道，是丝绸之路主要渠道。从成都到擦耳岩水运码头上船，顺岷江水道去宜宾，后经云南去印度，这条道一直是成都南方丝绸之路的主道，通行时间长达千年。

秦始皇统一中国后，社会得到发展，丝绸交易量大增，南方丝绸之路的水道更加繁忙，由于宜宾到云南的路狭窄，已不能满足日益增加的通行量，于是，秦始皇二十六年（公元前221），派遣大将军常频率军筑路，加宽路道五尺，这就是史上著名的"五尺道"。

---

① 何一民、王毅编著：《成都简史》，成都：成都人民出版社，2018年，第91页。

为了加强统治，加强对五尺道的管理，秦始皇命常頵出使夜郎，将夜郎国之地域改置为夜郎、汉阳二县，归蜀郡管辖。

五尺道是古蜀连接云南最古老的官道，成了此地与秦始皇中央王朝的联系纽带，也是秦朝与国际来往的商贸通道之一。

丝绸之路水道之所以开通得早，是因为天然岷江水道不需要修路筑路大量资金的投入，只要有一只船，便可顺岷江水而下，方便快捷。

（二）南方丝绸之路辅道，又称"灵关道"

南方丝绸之路陆道，是汉武帝元光六年（公元前129），武帝派遣司马相如开凿的临邛、雅安、西昌及云南大姚等地的"西夷道"。司马相如从临邛开始，积极开通雅安、西昌及云南大姚等西夷地区"西夷道"，因此道经过了越西境内的"灵关"，故又名"灵关道"。从成都南出，经临邛（今邛崃）、严道（今荥经）、旄牛（今汉源）、邛都（今西昌）、会无（今会理），渡过金沙江到云南青蛉（今大姚），抵达叶榆，与"五尺道"在楚雄大理汇合后西行，经博南（今永平）、永昌（今保山），由越赕（今腾冲）出境入骠国（今缅甸）、身毒（今印度）等。

汉武帝之所以派司马相如另开"灵关道"，主要是因古蜀社会经济的发展，古蜀水道主路即"五尺道"的通行量不断增加，不能满足通行需要而不得不另开辟的一条辅路。

（三）两道之比较

其一，"五尺道"是主道，开通早，通行量大；"灵关道"是辅道，开通晚，通行量小。"五尺道"比"灵关道"早千余年，是古蜀重要的国际交流通道。

其二，"五尺道"是岷江天然水道，通行快，宜宾至云南昆明属官道，路面宽，有人专管，通行方便；"灵关道"是茶马古道，由一段一段的茶马古道连接起来，路面窄且坑洼不平，通行不方便。

由此可见，南方丝绸之路"五尺道"为主道，"灵关道"为辅道。

三、成都南方丝绸之路双流平原古路

李冰修都江堰前，成都无行船水道，擦耳岩是水运码头，成都丝绸等商品，都要到擦耳岩水运码头上用船运出去。那时，成都经双流至擦耳岩码头都是平原田野路，或车推或马驮或人挑，快则小半天，慢则大半天。

我记得从彭镇过杨柳河第一桥，顺河往上游的左边，有一条宽丈余的土路，走两三百米往西拐，从两处林盘边拐角过，便是一条直直的约三四里长的往西的乡间路，然后经过中元寺就到了彭镇与擦耳岩连界的杨家石桥，过桥就是汪家碥、殷家院子、李家寺、擦耳岩了。这条乡间路，我见时平均有五六尺宽，七八里长，算是彭镇到擦耳岩最古老的路了。我的家就在这条路边的汪家碥。

在我十几岁时，彭镇至擦耳岩的这条路上，来往的人很多。记得有一次，有一队解放军从杨家石桥方向过来，带头的一位还拿着地图问站在路边的我，"这里是不是汪家碥?"我说"是"，他就招呼后面的解放军，一路又快步走了，接着，后面又有好几队解放军跟着朝擦耳岩方向去了。

后来有了自行车，骑车的人多走彭镇至擦耳岩的马路，走这条乡村路的人就少了。渐渐地，除乡间走路去彭镇的人外，再没有其他人走这条路了。现在建了新农村家园，这条路就彻底消失了（如图2-5-1所示）。

图2-5-1　"和谐家园"新农村（原汪家碥）

20世纪六七十年代汪家碥属擦耳公社六大队，现为彭镇永和村三组，建了新农村后改名为"和谐家园"。

联想起来，图中"和谐家园"前的一排栏杆所在位置，就是当年成都市区至擦耳岩的乡村古路。"和谐家园"栏杆头，在原路址上留下了一小段新水泥路（如图2-5-2所示）。

图 2-5-2 "和谐家园"旁由彭镇而来的原乡村古路

第六章
擦耳岩水运码头

一、擦耳岩水运码头的兴盛

擦耳岩水运码头的兴建是古蜀社会经济文化发展到一定阶段的结果。岷江是成都平原上的一条大河，更是古蜀成都对外交流的一条便捷之道。古蜀在商周时期就有对外交流，就是通过岷江而走出去、引进来的。

受古蜀成都周边地形的限制，岷江是成都唯一与外交往的水道。擦耳岩是成都距岷江最近的河口，选择擦耳岩为成都岷江水运码头已成为必然。

商周时期，蜀地的丝绸织造就已达到相当水平，蜀锦鲜艳华丽，品种繁多，"黄润细布，一筒数金"意思是蜀地的丝绸以黄色的品质尤佳，寸锦寸金。

蜀地生产的丝绸由蜀人商贾长途贩运，从成都擦耳岩至宜宾，途经云南、缅甸、印度等，然后转手到中亚、西亚和欧洲地中海地区。

李冰修都江堰前，擦耳岩是成都对外交流的唯一水运码头，是擦耳岩码头最兴旺的时期。其中，秦司马错使擦耳岩成为军用码头，繁忙四十年，成了人流、物流的集散地，其兴盛繁荣程度可见一斑。刘璋派重兵驻守，并将东州流民安居于此，说明在东汉时期，擦耳岩还很兴盛，地位十分重要。由此可知，擦耳岩水运码头在秦汉时期最为兴盛。

三千多年前商周时期三星堆文化和南方丝绸之路的兴起，岷江水道和擦耳岩水运码头起着极大的交通枢纽作用，可以说没有岷江水道和擦耳岩水运码头就没有如此繁盛的文化。

之所以古蜀文明得到高度发展，其因就是有岷江水道和擦耳岩水运码头，真可谓：岷江古蜀水道，一江连接周边文明；擦耳岩水运码头，一船满载流通货物。

二、擦耳岩水运码头的衰落

以上说到，擦耳岩水运码头的兴衰与成都需求紧密相关。公元前251年，秦李冰开始修都江堰，凿离堆引二江水于成都，成都有了行船水道和水运码头，开始从府南河经黄龙溪去彭山江口汇入岷江，成都不再需要擦耳岩水运码头了。盛极千年的擦耳岩水运码头逐渐衰落了，到唐宋时擦耳岩水运码头就彻底消失了。

尽管汉时司马相如开辟了南方丝绸之路的陆路，从擦耳岩过渡去邛崃、雅安走"灵关道"，但陆路毕竟是南方丝绸之路的辅道，流量并不比"五尺道"大。而北方丝绸之路和海上丝绸之路的开通等，均分散了南方丝绸之路的流量，南方丝绸之路也就衰落了。

自李冰修都江堰后，岷江水被分流，岷江主流成为外江金马河，出现了夏秋丰水、冬春枯水现象，不再适宜船运了，只有上游汶川等有些山货出川，才会在金马河中段的擦耳岩码头歇脚。擦耳岩作为水运码头的功能彻底衰落了（如图2-6-1所示）。

图2-6-1 一江一路交汇的擦耳岩古渡镇

据史料记载，抗日战争时期，水运复苏，灌县上游的汶川、阿坝等地大量山货出川，岷江金马河水运又繁忙起来。据史料记载，金马河早年通航，又用作排洪河道，水流陡急，航业早衰。抗日战争时期得以复苏，阿坝地区之羊毛、中药材等山货由此航路运送至新津、彭山、乐山。民国三十年（1941）前后航行此河船舶最盛时达八九十只，均为载重十余吨之木船（以其适应此河之梭子形船底而得名），前艄后橹，一只船通常用工九人，且多为和温江河坝场船主，双流仅有蒲双发等几人合伙的一只航行其间。由于滩多水急，河道无人管理疏浚，遇有滩阻，常需自行淘滩通过，因而上行船都是拉空，枯水最大过载两三吨。……往来船工常在此休憩，至 1953 年废航。①

可见，擦耳岩水运码头曾是岷江金马河航运中途休息的最佳场镇，船工在此处上岸喝水、吃饭、小憩。擦耳岩的饭店、茶铺、客栈都是船工们的休息处。

---

① 　参见双流县交通志编纂办公室编：《双流县交通志》，内部资料，1988 年。

第三篇
唐宋至民国时期的擦耳岩古渡镇

李冰修都江堰引二江于成都后，擦耳岩慢慢失去水运码头的作用。到唐宋时期，擦耳岩成为成都至崇州、大邑、邛崃的交通要塞。

大诗人王勃、杜甫、陆游曾留诗于此。擦耳岩有着神奇的千年古渡，清朝和民国时期四川名人刘沅、乔树枏、乔大壮魂栖擦耳岩岷江河畔。民国时期的擦耳岩古渡镇商贸兴盛，素有"小成都"之称。

第一章
唐宋时期的擦耳岩古道要津

唐宋时期，社会经济有了极大发展，成都也发展为中国西南大都会。

李冰修都江堰后，擦耳岩水运码头的作用逐渐减弱。但擦耳岩仍是成都至邛崃、崇州、大邑的必经之地，是川西地区重要的交通枢纽。

一、川西坝子交通大屏障

金马河像一把铡刀，齐刷刷地把川西平原从中部切割开，分割成了东西两大块，成都、温江、双流等在东，崇州、大邑、邛崃等在西，金马河横亘其间，成了川西坝子上阻碍东西两边往来的一大交通屏障。

成都是中国西南大都会已经形成对外交流的南方丝绸之路，成都往西必经川西坝子上的第一大交通屏障——金马河。那么，成都至邛崃是从哪里过河的呢？

二、成都至邛崃路径考证

从成都西出至邛崃在擦耳岩古津过河是最便捷的。

任乃强考证认为古时成都至崇州、邛崃有邮传大道，在擦耳岩过河，并非绕道新津，以下两段引文中的"擦耳崖""插耳崖"均指擦耳岩。

> 成都至临邛路原是先由擦耳崖渡外江，即李架筏桥处。先至江原，乃至临邛（不是今日绕由新津路）。①

---

① 任乃强：《四川上古史新探》，成都：四川人民出版社，2019年，第149页。

言成都与临邛间，昔时陆道，径由江原……当在今温江、崇庆界
间之插耳崖……其道径达临邛，不似今日之绕渡新津也。①

三、川西第一古津

擦耳岩自古就是成都西去邛崃的交通要塞，可谓"川西第一古津"。

从成都出发的南方丝绸之路有两条，一条是经擦耳岩去邛崃、雅安、汉
源、西昌、云南，此路被视为"陆道"，另一条是在岷江坐船，经彭山、眉山
去宜宾，在宜宾上岸去云南，此路被视为"水道"。

成都城西的锦里、簇桥、金花、机投等地名，都与历史上的丝绸或织锦有
关。这里距岷江金马河只有 20 千米左右。双流区资深文史专家王泽枋说，南
方丝绸之路是从成都机投出发，走马家寺（通江）、泉水凼（九江）、彭家场
（彭镇）到擦耳岩的。

崇州古称蜀州，自古为繁荣富庶之地，有"蜀中之蜀""蜀门重镇"之
称；大邑有"蜀中望县"之称；邛崃自古就是自然资源丰富、商贾往来频繁
的都市，有"临邛自古称繁庶""天府南来第一州"之称。两千多年来，临
邛古道上，商旅络绎不绝，邛崃先民以聪明才智开采利用天然气煮盐，先进
的铁器、精美的丝绸沿蜀身毒道远销国外，空前繁荣的经济使邛崃富甲一
方、闻名遐迩，东来成都，西去康藏，南下滇缅，都与成都有关。

成都是天府之都，也是古代蜀地的经济政治文化中心，西蜀各地的往来都
要经过金马河，擦耳岩则是西蜀各州县间往来成都最便捷的交通要津。

成都经双流擦耳岩，走崇州三江镇、大邑安仁镇，去邛崃，是最便捷
的路。

随着都江堰的修建，岷江水被分流，外江金马河冬春季枯水期搭桥，擦耳
岩交通流量被分散。特别是汉代北方丝绸之路的开通，宋代海上丝绸之路的开
通，从成都出发的南方丝绸之路交通流量大大减少，经擦耳岩的成都南方丝绸
之路也就渐渐消失。

唐宋以后，上游三渡水和下游新津渡逐渐兴起，使擦耳岩的交通流量减
少。但一直到 20 世纪末，这条路都是成都到崇州、大邑的主要通道。经笔者

---

① 常璩：《华阳国志校补图注》，任乃强校注，上海：上海古籍出版社，1987 年，第
140 页。

考察分析，东晋常璩、初唐王勃、盛唐杜甫、南宋陆游等都曾从擦耳岩过河。

擦耳岩为成都平原上的南方丝绸之路的要津，川西坝子中部的交通要塞，是我们不能忘却的古蜀地标记忆。

四、擦耳岩为常璩《华阳国志》记载五津之涉头津

常璩《华阳国志》有关五津的记载，详情如下。

> 其大江，自湔堰下至犍为有五津：始曰白华津；二曰皂里津；三曰江首津；四曰涉头津，刘璋时，召东州民居此，改曰东州头；五曰江南津。入犍为有汉安桥，玉津，东沮津。[①]

经笔者考证，"其大江"是指都江堰至新津段的金马河，这里的"犍为"是指东晋时期郡治在新津武阳的"犍为郡"，"五津"就是五个著名渡口（见表3-1-1）。其中的"涉关津"，就是指擦耳岩古渡。[②]

表3-1-1　常璩《华阳国志》五津与现代五渡（都江堰至新津的金马河上）

五津	五渡	金马河西	金马河东
白华津	徐渡	都江堰及青城山、崇州街子等	郫县、成都
皂里津	晏家渡	崇州怀远、三郎、元通等	温江、成都
江首津	三盛渡	邛崃、大邑、崇州等	温江、成都
涉头津	擦耳渡	邛崃，大邑安仁，崇州三江、江源等	双流、成都
江南津	新津渡	邛崃、眉山等	双流、成都

---

① 常璩：《华阳国志校补图注》，任乃强校注，上海：上海古籍出版社，1987年，第152页。

② 相关内容可参见拙著《认识金马河》，参见蒋剑康：《认识金马河》，成都：四川大学出版社，2020年。

第二章
王勃、杜甫、陆游留诗擦耳岩 *

擦耳岩地处川西坝子古道要津，是成都去崇州、大邑、邛崃最近的渡口，初唐王勃在《送杜少府之任蜀州》一诗中有"风烟望五津"；唐朝杜甫在皂江上观造竹桥并留下诗篇；南宋陆游在《自江源过双流不宿径行之成都》一诗中描写了从擦耳岩过河的情景……这些都能够反映擦耳岩的历史文化。

一、初唐王勃《送杜少府之任蜀州》

初唐王勃的这首《送杜少府之任蜀州》中的"海内存知己，天涯若比邻"是人人都能脱口而出的名句。而诗中"风烟望五津"是指岷江金马河上的五津，其中的五津之涉头津，就是擦耳岩古渡。

送杜少府之任蜀州
城阙辅三秦，风烟望五津。

与君离别意，同是宦游人。

海内存知己，天涯若比邻。

无为在歧路，儿女共沾巾。①

笔者认为从诗的内容来看，这首诗应是他从蜀地回到长安后所写。

"同是宦游人"中"宦游"是古代士人为谋取一官半职，离开家乡拜谒权

＊ 选编自蒋剑康：《成都擦耳岩》，成都：四川大学出版社，2022 年，第 86～97 页，此次出版有删改。

① 蘅塘居士编选：《唐诗三百首》，南京：江苏文艺出版社，2020 年，第 147 页。

贵、广交朋友的过程。我国古代的宦游历史悠久，自有官吏以来就有关于宦游的记载。"宦游人"是指为了做官而四处交友的仕子或被贬谪的官员。一般来说，"宦游人"都是指在仕途上不太得意的人。

既然王勃说他与杜少府"同是宦游人"，因此笔者认为，当时已是王勃被贬蜀地三年后，他返回长安，在虢州谋得参军一职，已经有了一次"宦游人"的经历，得知好友要到蜀地任职，才写了这首诗，否则他怎么能称自己也是"宦游人"呢？

王勃见到昔日好友要去蜀州任少府，情感一下就涌上心头，这才写下"无为在歧路，儿女共沾巾"这样感情深厚的诗句。王勃曾在蜀地三年，如今得知好友要去千里之外的蜀州，这才有"海内存知己，天涯若比邻"的诗句宽慰友人。久别不见今相见，相见又是离别时，只有在这样的情景下，王勃才有这样的感情，才写得出这样感情充沛的诗篇。

因此，笔者认为王勃是去了蜀地，才知道"蜀州"，才写得出"风烟望五津"之句，才有"同是宦游人"之感，才能在诗中流露出真情实意。

王勃在蜀游历三年，见到过风烟弥漫的金马河上的五津。在这三年中，他很有可能是在擦耳岩古渡登船的，因为这里是成都去蜀州最近的要津渡口。

当站在擦耳岩古渡旧址，身临其境后更有情感交融的深切体会和感受。五津涉头津对岸，这里是体会王勃"风烟望五津"之美妙诗意的最佳地点。

二、唐朝杜甫在皂江上观造竹桥

唐朝杜甫在蜀时，曾在皂江边观造竹桥，留下三首有关"观造竹桥"的诗：

陪李七司马皂江上观造竹桥即日成往来之人免冬寒入水聊题短作简李公二首

伐竹为桥结构同，褰裳不涉往来通。天寒白鹤归华表，日落青龙见水中。顾我老非题柱客，知君才是济川功。合欢却笑千年事，驱石何时到海东。

把烛成桥夜，回舟坐客时。天高云去尽，江迥月来迟。衰谢多扶病，招邀屡有期。异方乘此兴，乐罢不无悲。

李司马桥了承高使君自成都回

向来江上手纷纷，三日成功事出群。已传童子骑青竹，总拟桥东待使君。①

（一）杜甫观搭竹桥

关于杜甫观搭竹桥的地点，目前说法不一。有篇文章《关于杜甫"皂江上观造竹桥"之诸说》分析得很好，依次分析了"在都江堰安澜桥之说""在崇州羊马镇羊马河之说""在新津之说""在温江三渡水之说"，其理由都是"那里是成都至崇州的必经之道"。肯定性的结论倘无坚定的证据或证据链作支撑，就最好不要妄作。文中肯定了杜甫观造竹桥是在皂江即金马河的"五津"渡口上，至于在金马河上哪个津渡，文中未得出结论。此文对三渡水有这样一段分析："五津"皆古老又各具特色，尤其三渡水，因河面最为宽阔，水势较为平缓，又是崇州、新津、大邑至邛崃的必经要道，附近州县百姓和来往商贾、官员都要在此登船，故形成了川西平原上人气最旺、热闹非凡的盛景。之所以称"三渡水"，是因这里河面宽，在河水较大时，是宽阔的一条河，在河水较小时，有些地方会露底，变成三条河，要连摆三个渡，因此才叫三渡水。②

但文中说三渡水是崇州、新津、大邑至邛崃的必经要道，这就有误了。陆游《自江源过双流不宿径行之成都》一诗就直接证明了这里并不是必经要道，而是绕道。再说成都至崇州最近的要津是擦耳岩渡。

（二）杜甫在擦耳岩观搭竹桥理由较充分

擦耳岩位于成都至邛崃的商贸古道上，是民国以前的"成崇路"之要津。

擦耳岩夏秋丰水摆渡，冬春枯水搭桥。因擦耳岩河口是金马河最窄的渡口，冬春枯水时，河底呈V形，水流集中于河中心，约十来米宽，极易搭竹木桥。因此，擦耳岩年年冬季都搭桥。

笔者在家乡时就见过冬季搭的竹木桥，把竹子破开，编三排共六个竹筐，放在河水中装上石头做桥柱，搭上六七条厚木板，桥边绑上竹子做桥栏，以防人不小心落水。在擦耳岩处搭竹桥相比在三渡水搭竹桥要简单容易得多。

---

① 李白等著：《中国古代名家诗文集》，哈尔滨：黑龙江人民出版社，2005年，第237~238页。

② 秦嘉穗：《关于杜甫"皂江上观造竹桥"之诸说》，《文史杂志》，2017年第5期，第93~95页。

第三首《李司马桥了承高使君自成都回》中的"高使君"是唐代大诗人高适，笔者认为高适从成都回崇州，若走近路的话自然会走擦耳岩，三天能搭成桥也只有擦耳岩冬季能实现。

因此，杜甫是在擦耳岩观搭竹桥的理由较充分。

三、南宋陆游《自江源过双流不宿径行之成都》

南宋诗人陆游曾来往于崇州与成都。在这期间，他写下了《自江源过双流不宿径行之成都》，这首诗除有文化价值，还有对擦耳岩的历史考证价值。

自江源过双流不宿径行之成都

断笮飘飘挂渡头，临江立马唤渔舟。

少城已破繁华梦，老境聊寻汗漫游。

斜日驿门双堠立，早霜风叶一林秋。

诗材满路无人取，准拟归骖到处留。①

笔者认为从这首诗可以看出从崇州去成都，经擦耳岩过渡是最近的；"临江立马唤渔舟"是陆游牵马站在江边，江面很宽，能载马过河的大渡船在对岸，看上去像渔舟一样小；而"断笮飘飘挂渡头"描写的是擦耳岩渡船，"断笮飘飘"正是指用竹索拴挂在船头，竹索在河里顺水漂流的情景。

擦耳岩古渡是用一根长长的竹索从上游牵挂着，在渡船尾部放一把长橹伸到河里，借河水的流动之力进行摆渡。我认为陆游的这首诗真实描写了擦耳岩古渡，为后人认识擦耳岩留下了非常宝贵的佐证，同时也说明擦耳岩至迟在南宋时就已经使用竹索牵挂摆渡驾船了。

陆游的这首诗描写了擦耳岩古渡和成都少城的情况，陆游由擦耳岩古渡情景忽然联想到成都的繁华景象已逝去，擦耳岩与成都在大诗人的笔下有说不出的机缘。

① 钱仲联、马亚中主编：《陆游全集校注. 1，剑南诗稿校注. 1》，杭州：浙江教育出版社，2011 年，第 360 页。

第三章
神奇的擦耳岩古渡[*]

一、关于擦耳岩古渡的记载

在擦耳岩古渡，只用一根长绳就把渡船牵吊在河中，就能往来于两岸摆渡，没有多的设施投入，但这极其简单的设施投入就彻底改变了渡船靠动力摆渡的模式，创造发明了利用大自然河水流动之力驾船摆渡的新模式。

不用人撑船划桨，船上没有机器动力，借河水流动之力驾船摆渡，这就是擦耳岩古渡。这种借河水流动之力驾船摆渡的新模式较为罕见。

擦耳岩古渡坐落在岷江金马河段上，直到 20 世纪 90 年代，因修了擦耳岩大桥，擦耳岩古渡才停运。

擦耳岩人民尊重自然，因地制宜、因势利导，探索出"筏索吊船、借力驾船"的独特摆渡方式，用一根长绳把渡船牵吊于河中，再用一把船橹伸到河里借河水流动之力驾船，极其简单的设备实现了极致完美的摆渡方式，取得了零动力成本的极致效益。

擦耳岩古渡充分利用河流的规律来节省人力，体现了古代劳动人民的聪明智慧，在岷江金马河上摆渡运营了上千年。自新中国成立后，古渡木船改成了钢制渡船，将牵吊船的楠竹绳改成了钢丝绳，用同样的原理取得了相同的效果。

---

　　* 选编自蒋剑康：《成都擦耳岩》，成都：四川大学出版社，2022 年，第 86～97 页，此次出版有增改。

二、发现擦耳岩渡的神奇

2014 年夏天，我退休后回到家乡，总爱在擦耳岩金马河边喝茶，时常想起我曾经在这里的经历。从小到大，在这里我一次次乘船过渡，船老大一次次开渡驾船的身影，让我记忆犹新。这些情景让我联想起，我在外地读书和工作，也有过无数次在江河上乘船过渡的情景。我不禁思考：擦耳岩渡船与外地其他渡船有什么不同？这才发现，外地的渡船无论大小，船上都有动力，而擦耳岩古渡的船一直都没有动力。

我回想起擦耳岩渡船开动的过程：一艘钢制大渡船上可载两三辆货运汽车，同时还可载几十个人，船上有一女人胸前挎着一个小木盒子向旅客售票。船启动后只见一船工拿起一根长楠竹篙杆插向岸边，慢慢用力使劲撑，渡船就会慢慢离岸启动，这时船工就收了竹篙杆放在船边不再撑船了，这时，船尾有一位船工老大，只见他双手握着船橹，船橹的一头伸到河里，几乎见不到船老大在移动船橹，船体就缓缓地向河中心开去了。船老大双手掌着船橹，船就这么开向了河对岸……到了河对岸，待船上所载的人、物、汽车等下了船，对岸的车、物、人等又相继上了船，渡船又开了过去。每天，擦耳岩古渡的船就这样安全平稳地来往于岷江金马河两岸。

擦耳岩渡船在外形上与外地渡船并没有什么不同。只是在开动时，外地渡船有"啪啪啪"的机器声，螺旋桨在河水里搅动，掀起了一阵阵浪花，而擦耳岩渡船却是无声无息的。

擦耳岩渡船的船头上有一大钢柱，一根长长的钢丝绳从河上游顺流而下，系在钢柱上，渡船被绳牵挂着吊在河中，长长的钢丝绳上又分段系着四五只小船。

我慢慢地明白了，擦耳岩渡船的神奇来自船头的钢丝绳和船尾那把伸向河里的船橹，长绳把船牵吊住以免让河水冲走，船橹伸向河里被河水冲击，冲击力会通过船橹反作用于船，这就是擦耳岩古渡船的神奇之处。一根长绳吊住渡船，借河流之力，在宽阔湍急的岷江金马河上摆渡千年。

擦耳岩古渡是成都通往崇州、大邑、邛崃三地最便捷的渡口，是方圆百十里闻名遐迩的千年古渡。为何之前没有人发现其独特的摆渡方式呢？笔者认为有以下原因。

首先，擦耳岩渡的驾船摆渡形式太简单了，不能引起乘客的注意。比较显眼的是那根从上游漂来牵吊渡船船头的绳，但谁也不认为这根绳有什么奇特之处。而船老大在船尾掌操的那把船橹，更是平平无奇，整个操作都静静的，没有什么大动作，不能引起乘船人的注意。擦耳岩摆渡了千百年，乘船过渡的人千千万万，没有引起人们的注意，就是因为摆渡形式简单。但唯独引起了大诗人陆游的兴致，他以"断筝飘飘挂渡头"的诗句描写了擦耳岩渡船船头被竹绳拴挂的情景。

其次，本地人也没什么发现，从小到大就见渡船是这样，司空见惯，没什么引人注目的。这正印证了苏轼的一句名言"不识庐山真面目，只缘身在此山中"。尽管我也是本地人，但若不是我在外面工作了三四十年，乘过许许多多的渡船，也许仍发现不了擦耳岩渡船的独特神奇。

三、湍急恶劣的河流环境

从都江堰外江闸至新津南河汇合口河段被称为金马河，河段长 81 公里，河宽 300 米～500 米，最宽处广滩达 1200 米。双流县内金马河河段为 12.53 千米（东岸），河最宽处为 717 米，最窄处（擦耳岩）为 293 米。

（一）极不易驾船摆渡的擦耳岩河口

岷江金马河段在擦耳岩河口处受到东岸河道的阻挡，河面向西紧缩，形成了河弯，河口变窄，河水会加速流动形成湍急的水流，浪高且险恶，河流的行船环境十分恶劣，不易摆渡。但这里是崇州、大邑去成都最近的河口，过河的人多，因而请求开船的人也多。特别是有急事要过河的人，对开船的诉求更强烈。后有人下河开船了。但不是被恶浪打翻葬身河里，就是被河水冲到下游。千百年来，不知多少人在擦耳岩段河水里葬身。

擦耳岩的河口水流环境恶劣，不易开船摆渡，但这里过河的人多，又不得不驾船摆渡。在这种十分矛盾的情况下，人们不得不探寻新的摆渡方法。

（二）探寻新的摆渡方式

驾船摆渡，船上都要有动力，以前全靠人工撑船划桨，后来船上都用机器作动力了。然而在擦耳岩古渡，不用人撑船划桨，也不用机器作动力。那擦耳岩渡是怎么开船摆渡的呢？

擦耳岩古渡行船环境较恶劣，不易驾船摆渡。开船人首先要解决的问题就是如何使船不被河水冲走。擦耳岩人发挥聪明才智，尊重自然，因地制宜，因势利导，在河心找到一个固定点，用一根长竹绳，一头拴在固定点上，一头顺河而下，拴在渡船头上，渡船在河中被长竹绳牵吊着，就不会被河水冲走（为了防止长竹绳坠入河水中增加阻力，又用三至四只小船，将长绳系于小船上，使绳索不坠入河水中）。人们再将渡船做宽做大，以抗恶浪。把船挂吊于河中后，用一根长橹，从渡船尾部伸到河里，将河水冲击长橹之力巧妙地转化为驾船之力（如图 3-3-1 所示）。

擦耳岩渡船的长橹，不是人力摇橹，而是由船老大掌橹，将长橹伸到河水的激流中，借河水冲击长橹之力驾船。

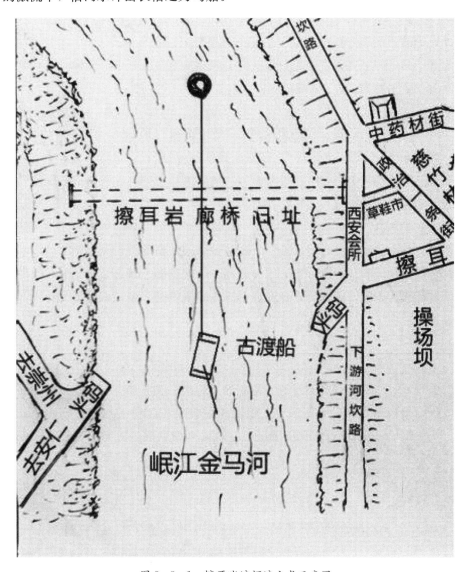

图 3-3-1　擦耳岩渡摆渡方式示意图

擦耳岩古人在不断探索和细心摸索中，创造发明了一套独特的驾船摆渡方法，用竹索牵吊船，使其不被冲走，又利用河水流动之力，荡秋千（钟摆）式地来回于两岸，不用人撑船划桨，不用机器动力，完全没有动力成本，效益极高。

这种方法一直沿用到 20 世纪 90 年代，船工将竹篾绳改为钢丝绳，木船改为钢制船，还是同样的方法，擦耳岩渡船就成为汽车渡，一直到擦耳大桥建起后才停运。

我采访了擦耳岩老人陈火全，他是最后一届汽车渡船的班长。他说，他早先开过用楠竹篾绳牵挂的渡船，后来的铜制船，船宽 6 米，长 20 米，每逢擦耳岩赶场时，一船要载百余人和物。由于渡船载重量大，为了保障安全，开汽车渡时，会另增加一人协助掌渡。

四、"筦索吊船　借力驾船"原理

金马河从都江堰出来一路直流而下，来到擦耳岩处时，被这里特殊的地形河坎斜挡住河道，逼金马河在此向西拐了个弯，河面因此变窄，河水湍急恶浪多。面对汹涌的江水，如何摆渡驾船？前人翻船落水，是因为船太小，不能抵抗激流，唯一的办法就是用大船；还要避免船被冲到下游半天上不来，那就想办法把船牵住，不让河水冲走。用大船好办，把船做大即是，但要怎样牵住船而不被河水冲走呢？擦耳岩人仔细观察河段环境情况，经长期探索，终于找到了解决办法。

（一）筦索吊船

经观察，金马河东岸上游的河堤是弯着的，可以把牵挂船的起点设在河堤上，做一个大枒槎，用堆石固定，把牵挂绳索拴在枒槎上，然后放长绳牵住船，吊在河中。绳索用竹篾扭制而成，古时称竹篾扭成的绳为"筦索"。

（二）借力驾船

渡船被牵挂着，吊住渡船头的一角，从船尾伸一根长橹到河里（如图 3－3－2 所示），利用河水冲击长橹的力来驾船，这就是借河水流动之力驾船的过程。经过不断摸索，擦耳岩人终于熟练掌握了"借力驾船"的技术。

图 3-3-2 擦耳岩渡船

资料来源：双流县交通志编纂办公室：《双流县交通志》，内部资料，1988 年，第 116 页。

"借力驾船"就是擦耳岩渡船的神奇之处，也是其核心技术。

将船牵吊在河中，经过摸索，牵吊船的方法也不知变换过多少次，最终固定下来最佳的吊船方式，掌握了利用河水流动之力就能驾船的方法。渡船被牵挂着，吊住渡船头的一角，从船尾伸一根长橹到河里，巧妙利用河水冲击长橹的力驾船，这就是借河水流动之力驾船的过程。经过不断的摸索，人们终于熟练掌握了借力驾船的技术。根据物体受力原理分析，长橹在河里受到激流的冲击，将产生方向力，渡船就可向两岸驶去。

由于牵挂绳从河的上游放下来较长，绳索会坠入河水中，被河水冲刷产生阻力，为了减轻阻力，船工特制了几只小船，将绳索绑在小船上，让小船载着绳索，避免了这一问题。

五、擦耳岩古渡的历史文化价值①

擦耳岩古渡独特的摆渡方法原理，打破了驾船摆渡的一般思维，开创了新的驾船摆渡模式，其科学性、经济性、操作性，经千余年来的摆渡运营实践，均堪称完美。

———————————

① 选编自蒋剑康：《中国第一神奇古渡 渡船一摆就是一千六百年》，文马千笑手绘，《成都晚报》，2018 年 9 月 28 日第 8 版。

擦耳岩古渡用极其简单的一根长绳、一把长橹,创造了我国驾船摆渡史上的三项全新纪录(如图3-3-3所示)。

图 3-3-3 擦耳岩汽车渡船

图3-3-3为擦耳岩汽车渡船,船上没有任何机器动力,靠一根牵挂渡船的钢丝绳,一把借河水流动之力驾船的船橹,一个人就能在宽宽的金马河上摆渡。图中可见牵挂渡船的钢丝绳、拴钢丝绳的船桩、船尾借河水流动之力的长橹。

擦耳岩渡独创的新摆渡方法原理打破了传统驾船摆渡的一般思维,开创了新的驾船摆渡模式,其科学性、经济性、易操作性等经数百年的摆渡运营实践,均堪称完美。

(一)开创了全新的摆渡模式

擦耳岩古渡"筌索吊船,借力驾船"就是用一根长缆绳牵挂着渡船,吊船于河中,利用河水流动之力驾船摆渡,这种全新的独特方法和原理,科学实用易操作,开创了驾船摆渡的一种新思维、新模式。据相关资料及笔者研究考察,擦耳岩渡的这种全新模式,在我国为首创,具有一千六百年的历史且运营年限最长。因此说,擦耳岩渡的驾船摆渡方法具有显著的独创性,开创了我国在驾船摆渡模式上的一项新纪录。

此模式被《四川省公路志》记载为钟摆渡,认为该方式"安全省力效率高"。

（二）最早利用河流之力驾船摆渡

擦耳岩古渡创造了我国最早利用河流之力为人们服务的典范。利用河水自然流动之力，至今只有秋千（钟摆）渡和提水筒车（水轮车）两种形式。但擦耳岩渡利用河水流动力的效率远远高于筒车。而且，擦耳岩渡有一千六百多年的历史，比发明于隋盛行于唐的筒车，还早八百多年。因此说，擦耳岩古渡是我国最早利用大自然河流之力为人们服务的例子，首创了人类利用河水流动之力的新纪录。①

目前，利用河水流动之力的擦耳岩古渡和筒车已经没有了。但筒车作为旅游景区的一个形象景点，得到了开发利用。而类似擦耳岩钟摆渡的渡口文化，却没有得到开发利用。古人创造性利用河水流动之力的聪明智慧是应该被铭记的。

（三）创造驾船摆渡零动力成本

大多数摆渡船都要靠人工撑船划桨或机器动力，其动力成本，要占整个摆渡成本的大部分。但擦耳岩的钟摆渡，没有动力成本，创造了零动力成本的全新摆渡纪录。擦耳岩渡船不用人撑船划桨，也没有机器动力，完全是借用大自然河水的流动之力驾船摆渡的，没有动力成本。这正是擦耳岩驾船摆渡的又一个智慧亮点，自然应该记录在驾船摆渡历史上。

擦耳岩古渡创造的三项新纪录体现了擦耳岩古渡极高的历史文化价值。

六、相关报道和建地标保护

2018年9月28日，《成都晚报》以《中国第一神奇古渡　渡船一摆就是一千六百年》为题报道了擦耳岩古渡，指出擦耳岩古渡为我国最早利用河水流动之力驾船摆渡之处，是我国最早利用大自然河水流动力为人类服务的典范。从中可看出双流擦耳岩古渡的文化价值所在。

2019年8月30日，《空港双流》以《双流擦耳岩神奇的千年古渡》为题报道了擦耳岩古渡，认为其具有世界级古渡文化价值，说它是中国古渡史上的皇冠，一点也不为过。

---

①　古时的水碾、水排等，现代的水轮机、水力发电等，不是利用河水在河里的自然流动力，而是利用水位的高低落差，来冲转水车做功的，与利用河水自然流动力的擦耳岩渡船和筒车，是两码事。

2019 年年底，在成都市双流区文物保护管理所考古专家李国队长的带领下，在擦耳岩古渡原址处建了成都文化地标"擦耳岩古渡"（如图 3－3－4 所示）。

图 3－3－4　擦耳岩古渡原址文化地标

文字内容如下：

擦耳岩古渡位于双流的金桥与崇州三江之间，是古蜀先民由岷江西岸跨河进入岷江东岸的成都平原腹地的重要通道之一，数千年来为两岸民众重要的通行要道。

岷江是自然冲积而成，古称"大江"。东晋常璩《华阳国志》记载，"其大江，自湔堰下至犍为有五津"，初唐诗人王勃"城阙辅三秦，烽烟望五津"。五津指都江堰（湔堰）至新津（东晋时属犍为郡）的五个古老渡口，擦耳岩古渡属五津之涉头津。

擦耳岩古渡历史文化悠久，是岷江金马河上五个古渡的典型代表。其独特的"筏索吊船，借力驾船"科学摆渡方法，创造发明的"自动渡河船"，如同都江堰一样，尊崇自然，顺应自然，蕴藏着"道法自然"的思想，成为岷江上人与自然和谐共处的又一经典。擦耳大桥修建后，擦耳岩古渡也结束了摆渡历史。

——成都市双流区文物保护管理所

第四章
扬名海外的中国名胜风景擦耳岩廊桥[*]

一、岷江金马河上梦幻般廊桥的存在

一百三十年前，成都郊野的双流岷江金马河上，有一座美丽的风雨廊桥。后虽被洪水冲毁，但其照片被收入清末中国的第一本《中国名胜》画册，从此扬名海外。而在当地，廊桥却销声匿迹，如今谁都不知道金马河上有廊桥。

查阅有关历史文献，《双流县志（民国版）》记载，中渡[①]治西二十五里擦耳崖，为金马河要津，即沙湾上游十里。光绪中，募建西安桥，桥楼四十八间，工费浩大，邑绅吴特仁、吴应安等，捐田四十余亩，以作岁修，行旅便之。后数年，复为洪水冲毁。[②]

《双流县交通志》中也有相关记载，擦耳岩渡，旧名中渡，又名西安桥渡。系古渡之一，该渡口地处金马河，东临擦耳岩，西岸为擦耳乡万凼村、崇庆县（今崇州）听江乡结合部，是双崇路要津。光绪中募建西安桥，桥楼48间，工费浩大，邑绅吴特仁、吴应安、吴仕琦捐田40余亩，以作岁修，后数年被洪水冲毁，仍由私人摆渡。光绪二十三年（1897）设义渡，募化置田产，从此，一直是洪水期舟渡，枯水期搭便桥，以便利交通。义渡选举首事，经理其事。[③]

根据以上记载，该处于1897年复设义渡，称"西安桥渡"，可知此时廊桥

选编自蒋剑康：《成都擦耳岩》，成都：四川大学出版社，2022年，第29~37页，此次出版有增改。

① 擦耳岩渡又称"中渡"，其意是上有温江三盛渡（三渡水），下有新津渡，擦耳岩位于中间，所以又叫"中渡"。

② 双流县旧志丛书整理委员会：《双流县志（民国版）》，北京：中国文史出版社，2014年，第26页。

③ 参见双流县交通局编纂办公室编：《双流县交通志》，内部资料，1988年。

已被冲毁。可叹的是，有着 48 间桥楼、堪称川西第一的风景廊桥，却没有在史志"桥"类栏目中留下任何记载，只在"渡"类栏目里找到相关线索，并且连桥的全称都没有。

2016 年 6 月 25 日，《华西都市报》刊登了一篇题为《百年前美国双语画册再现成都半边桥等旧景》（姜小平/文图）的文章。文中有一张"四川双流县擦耳岩西安大桥"照片，即擦耳岩廊桥照片（如图 3-4-1 所示）。没有想到，金马河上擦耳岩，百年前曾经有过这么漂亮、这么壮观的廊桥！①

图 3-4-1　擦耳岩廊桥（西安大桥）

资料来源：《百年前美国双语画册　再现成都半边桥等旧景》，《华西都市报》，2016 年 6 月 25 日第 0a11 版。

廊桥建于清光绪年间，从记载有桥楼 48 间得知，照片上只照出桥长的三分之一，还有三分之二没有照出来。经分析，桥长约 200 米。从桥的建筑和样式来看，桥墩为石垒基座，由三根大木柱支撑，桥面为木柱龙骨，木板铺面，木桥栏，桥栏有坐板，桥上盖顶，俨然属于廊桥构造。

这是金马河上建的第一座固定桥，车马可行，也可日夜通行，这是川西坝子中部通行量最大的桥。因建桥工程浩大，除地方政府的支持外，还有乡绅等

---

① 《百年前美国双语画册　再现成都半边桥等旧景》，《华西都市报》，2016 年 6 月 25 日第 0a11 版。

的资助。

长长的古朴廊桥，高高的桥脚，清清的水面倒影，静静的廊桥头，落了叶的老榕树，桥头密集的房顶，俨然一幅优雅恬静、富有特色的川西岷江金马河古朴廊桥风景画。

二、英国女摄影师与廊桥邂逅

清光绪二十二年（1896），一位英国女摄影师来到四川成都。她当时已65岁，带着笨重的照相器材，为四川留下了百余幅珍贵照片，她就是作家、旅行家、摄影家伊莎贝拉·伯德（Isabella Bird，如图3-4-2所示）。[1]

图3-4-2 伊莎贝拉·伯德

据资料记载，65岁的伊莎贝拉·伯德从上海出发，乘轮船至汉口，再由汉口到宜昌，乘帆船从宜昌穿过长江三峡到达万县（今重庆市万州区），再从万县走陆路经梁山县（今梁平）、渠县、营山、南部到达阆中，再经苍溪、剑阁、梓潼、绵阳、彭县（今彭州）、灌县到达成都，后又从成都出发，沿岷江上游到汶川、理县及马尔康等地，后返回成都，从成都乘船过重庆，向东返回上海，历时五个多月。

伊莎贝拉·伯德从上海来到成都，大约是1896年初，从她在路上的摄影

---

① 参见双流县交通志编纂办公室编：《双流县交通志》，内部资料，1988年。

照片可以看出（如图3-4-3所示），当地人穿着冬装、抄着手，说明当时的天气还较冷。

图3-4-3 成都平原乡镇

资料来源：［英］德博拉·爱尔兰：《伊莎贝拉·伯德（中国影像之旅1894—1896）》，马茜译，北京：中国摄影出版社，2018年，第167页。

伊莎贝拉·伯德极有可能是擦耳岩廊桥照片的摄影师，因为据《天府广记》的记载，在她之前，还没有摄影师来过成都。她在成都及都江堰等地照相，而擦耳岩廊桥当时已建数年，离成都近。《伊莎贝拉·伯德：中国影像之旅1894—1896》中记载，伊莎贝拉·伯德是1896年5月20日离开成都的，而据《双流县交通志》的记载，至迟在1897年廊桥就被洪水冲毁了。因此，我推测，伊莎贝拉·伯德是最有可能为廊桥照相的摄影师。

三、廊桥扬名海外

根据 2016 年 6 月 25 日《华西都市报》相关报道可知，"四川双流县擦耳岩西安大桥"照片，来自一本名为《中国名胜》的画册，该画册是当时中国游美实业团在美国采用中英文双语印刷出版，专门赠予在美国的华侨及美国友人。《中国名胜》共收录中国各地名胜照片 80 幅，其中就有"双流县擦耳岩西安大桥"的照片。

我查到《中国名胜》画册，首页印有清朝中国与美国的两国国旗图案，并有文字记载"大清宣统二年八月清美实业家交欢盛会之纪念中国商会敬赠"。

可见，该画册是宣统二年（1910）中美企业家联欢，中国商会为纪念此次活动而作的赠品。此画册在国内外受到极大欢迎，八月初版，九月就再版了，画册共载入全国风景 194 幅，由商务印书馆编纂发行，全国有二十个分售处，四川有成都、重庆两处。此后又不断再版，民国二年（1913）七月第四版，民国四年（1915）四月第五版，分售处增加到三十六处，每本定价一直为大洋三元。

这是中国早期印制的国内风景名胜画册，短短五年就再版了五次。可见《中国名胜》画册受到国内外欢迎之热烈。第一版的双流擦耳岩廊桥名称为"四川双流县擦耳岩西安大桥"，以后再版的名称为"四川双流擦耳岩西安大桥"，少了"县"字。可见，当年金马河上的擦耳岩廊桥已是中国名胜风景，并得到广泛宣传。

2020 年 6 月 20 日，谢添老师发给我一张他刚收集到的日文图片资料，上面有双流擦耳岩廊桥照片，说明当时双流擦耳岩廊桥风景已在国外传播了。大致内容翻译如下（如图 3-4-4 所示）：

図 3-4-4 局部日文资料（谢添提供）

图 3-4-4 中内容翻译大致如下：双流县城位于成都南边 40 支里新津县，道路平坦交通方便，在当地叫作县城，数千户，其位置离成都近，大型贸易都在成都进行。附近没有特种产业，加上成都雅州方面到新津需要一天日程，此地只是旅客路过之地，因此城内街道基本都是荒废的空地，其中只有一部分贩卖日用品的，除了开市的日子以外极少有人路过。也就 30 人左右，轿子、马车数量也少。

覃宗良说，有关那张图片和下面一栏文字，他们交流后基本达成如下共识：西安廊桥那张照片可能是美国人拍摄的。自从西方列强敲开清朝中国的大门后，美国来华的传教士最多，成都就有不少，此外还有些记者、学者、商人等，喜欢在中国各地逛游，拍摄了各地许多景点，回美国后与华人合作，就选择其中最好的，出版了中英双语画册《中国名胜》，共 80 页，其中四川 4 景，擦耳"西安大桥"就名列其间。此画册肯定也传到中、日两国。中国处于战乱年代，许多文物失落，画册也难以保存。在甲午中日战争后，日本雄心勃勃，就要进一步打中国的算盘，派人来华各地考察，从事间谍活动，日本"浪人"更是横行无忌。他们对我国各省、市、县进行全面了解，掌握情况以便决定是否对华发动全面战争。这本资料就是他们调查的总结，图上显示的是对双流调查的开头一段，不全面。他们大概只限于县城以上的调查，不可能去广大乡村，更不可能到边远的擦耳岩来。虽然廊桥已毁，但图片还在，所以就把曾经双流最有名的景点西安廊桥的照片作为这一章的配图，当然，对廊桥和擦耳岩就没有文字记载了。它记载的清朝末年或民国初年的双流县城，确实又小又穷，只有千户人家，除了逢场就是冷冷清清。但它又记载了"有大规模邸宅的富豪较多"，说明双流县城是一座历史比较悠久的古城。

日本把廊桥图片作为双流的标志，说明他们对双流进行了调查了解，这幅图片和资料内容，就是日本对双流进行调查的佐证。据谢添老师介绍，在 1907 年至 1918 年间，日本的东亚同文书院之毕业生及老师，在中国各省进行全面实地调查。东亚同文书院是日本的间谍机构，从 1901 年成立至 1945 年抗日战争结束的四十多年间，该校始终组织其学生对中国进行实地调查，前后约有 4000 名日本学生分成近 700 个小组参加了调查旅行，调查内容涉及中国各地经济状况、经商习惯、地形地势、民情风俗、多样方言、农村实态、地方行政组织等，为日本侵略中国服务，其调查之详细，范围之广，统计数据之精确，令人慨叹。这些调查报告真实记录了当时中国各地的风土民俗、水文地貌等，具有极高的史料价值，是研究民国史、经济史、社会史、地方史的重要参考文献。

四、擦耳岩川西第一廊桥

约 1890 年，擦耳岩廊桥建起后，渡船就停了。1896 年廊桥被洪水冲毁后，渡船又恢复了。

擦耳岩廊桥为清末名胜风景，扬名国内外，却在成都本地被遗忘。

擦耳岩一直是成都通往崇州、大邑、邛崃的交通要塞，当地乡绅建桥意愿一直较强。而当时清政府处于内忧外患之中，四川总督无暇也无力顾及地方建桥之事。在乡绅的积极倡导下，各方筹资，于清光绪十六年（1890）建成了能昼夜通行的廊桥。为保障桥的维修维护，乡绅吴特仁、吴应安、吴仕琦还捐田四十余亩用做日常维护廊桥费用。

　　廊桥被冲毁后，民国时期大邑的士绅刘彦儒曾倡议修建石桥，后民国三十五年（1946）双流县决议同崇庆县共同建钢桥，但因经费拮据而未能如愿。

第五章
四川名人刘沅、乔树枏、乔大壮
魂归彭镇岷江河畔[*]

　　刘沅为清晚期四川著名的儒学大师、教育家、宗教思想家、医学家，影响深远。刘沅出生于金马河边的彭镇羊坪村，死后也葬于此。

　　乔树枏为清末学部左丞，早年拔贡入朝，任刑部七品京官，研刑律，折狱明允，后晋刑部主事、擢御史，迁学部左丞，曾任川汉铁路驻京总理，保护敦煌文物等。

　　乔大壮曾任南京中央大学教授，因憎恨国民党发动内战于1948年在苏州投江自尽。

一、晚清四川大儒刘止唐

　　刘沅（1767—1855），字止唐，清代举人，号清阳居士，乾隆三十二年（1767）出生。二十五岁时考取举人，但之后三次参加会试不中，终未能成进士。三十岁后即绝意仕进，在家奉养老母，潜心经史，讲学课徒，著书立说，惠及后人。嘉庆十八年（1813），刘沅移居成都南门淳化街（今锦江宾馆西门）建一宅院。院中有株老槐树，不知植于何代，枝繁叶茂，浓荫掩映，苍劲刚健，雍穆恬静，乃名宅，曰"槐轩"。此后四十二年，刘沅一直在此治学、讲学，未尝有一日懈怠，直至1855年逝世。

　　刘沅作为清代著名的儒学大师、教育家，其学术被称为"槐轩之学"，影响较深远，他被后世尊为槐轩学派。其著作《槐轩全书》，以儒学原典精神为

---

　　* 选编自蒋剑康：《成都擦耳岩》，成都：四川大学出版社，2022年，第92～106页，此次出版有增改。

根本，融道入儒，会通禅佛，体大精深。

刘沅治学不分门户，融儒释道于一体，其学多有独创，世人尊称他为"一代大儒""川西夫子"。

刘止唐墓因年久失修，墓破碑残，杂草丛生。双流区文史专家陈伟芳多次向双流区有关部门、彭镇政府等建议修建刘止唐墓茔，推动双流历史文化发展，开发打造历史文化名人景点。2017年年底，彭镇政府决定出资重建刘止唐墓茔。2018年年初，由陈伟芳任总设计的刘止唐墓茔开工建设，于2018年春正式建成。2021年6月，成都市双流区召开相关会议研究对刘止唐墓进一步扩建（如图3-5-1所示）。

图3-5-1　双流区文史专家与刘家后人等合影

二、清末学部左丞乔树枏

乔树枏（1849—1917），字茂轩，又字损庵，四川华阳人。童年聪慧，早负文誉，于1873年拔贡入朝。乔树枏精研刑律，折狱明允，后晋刑部主事、郎中、擢御史。1906年，清设学部，乔树枏升学部左丞。

（一）仗义之举引赞

清朝晚期，戊戌变法失败，六君子被判斩立决。一囚犯在狱中壁上潇洒写下几行字，随后慷慨就义。他就是戊戌六君子之一的谭嗣同。

狱中题壁

望门投止思张俭，忍死须臾待杜根。

我自横刀向天笑，去留肝胆两昆仑。①

这首慷慨激昂的诗，谭嗣同写在狱壁上，若没有人传抄出去，就永远也不会被世人知道。但要传抄一名死囚的诗，就算不掉脑袋，恐怕也会惹麻烦，谁愿做这事？最终，这首狱壁诗被刑部主事乔树枏传抄了出去。

（二）为黄崖教案上奏申冤

清光绪三十一年（1905），乔树枏入太谷学派。"太谷学派"是一种关于天人关系的创新学说，该学派由周太谷创立，其弟子张积中等召徒传教，并在山东黄崖设立了一个带有工农商学兵村社性质（护山防盗的民团），边耕边学、自给自养的讲学组织。乔树枏投师太谷学派后，学派希望借助乔树枏的御史身份，为发生于咸丰年间的山东黄崖教案申冤昭雪。

清朝晚期，清王朝风雨飘摇，太平天国席卷全国。咸丰六年（1856）张积中的山寨却很红火，已聚众达八千余户。山寨规模庞大，官府疑其不轨，山东巡抚阎敬铭诬其为匪教，举兵进剿。山东布政使丁宝桢给张积中机会辩白，但张积中的弟子与丁宝桢的派员产生了误会。随着局势发展，阎敬铭、丁宝桢率兵万人亲往山寨形成合围之势，张榜重赏招安，五天过后竟无一人出寨受招。官民对峙良久后，官兵破寨，先后屠杀山寨武装精锐七八百人、寨内民众1700余人。寨破时，张积中率亲戚家属等两百余人在大堂自焚，官兵趁机烧杀奸淫，无一逃脱，这就是晚清史上著名的"黄崖惨案"，又名"黄崖教案"。一直以来，山东黄崖山教被作为"邪教"和"叛逆"处置，太谷学派也因之蒙受"邪教"之名。

1906年，乔树枏上奏折，"乃以白发儒生，空山讲学，生被诛夷之惨，死蒙叛逆之名"②，请求清廷重新审理黄崖教案。清廷派山东巡抚杨士骧彻查具复，杨士骧交给幕僚何圣生办理，何圣生经查后认为实属冤案。然而杨士骧见事体重大，面太广太杂，为免受"非常之谴"，便把已经草拟的奏稿故意搁置下来，而清廷正处于多事之秋，没有心思再过问此事，结果不了了之，直到清

---

① 《谭嗣同集》整理组整理：《谭嗣同集》，杭州：浙江古籍出版社，2018年，第236页。

② 原北平辅仁大学编：《1900—1949年中国学术研究期刊汇编辅仁学志 8》，北京：线装书局，2009年，第2682页。

朝灭亡，黄崖教案也未昭雪。

尽管如此，乔树枏上疏奏折为黄崖教案昭雪平反的行为还是值得肯定。

（三）任川汉铁路驻京总理

19世纪末20世纪初，中国大地上掀起了轰轰烈烈的兴修铁路的高潮。

光绪二十九年（1903），四川总督锡良奏准清廷自办川汉铁路，随即设公司、辟财源，保住了自建铁路主权。同年12月2日，清廷允许设立川汉铁路公司，初定为官办，总部设于成都。以四川总督锡良为总办，沈秉坤为会办，各州、县数员为襄理。

光绪三十三年（1907），川汉铁路改官商合办为商办，正名为四川省川汉铁路有限公司，乔树枏为总理，胡峻为副总理。奏任胡峻为驻成都总理，乔树枏为驻京总理，费道纯为驻宜昌总理。

川汉铁路有限公司成立后，总部设在成都，各总理职责为北京总理统领全局，成都总理负责筹措谋划，宜昌总理管理实地勘测和施工。

宜昌总理费道纯是四川阆中人，上任时已经年近六旬。费道纯怀着满腔热忱投身铁路勘测，和工程技术人员一起跋山涉水。1908年8月，费道纯不幸病故，其总理职责由乔树枏兼任。由此，乔树枏实际上肩负了绝大部分责任。

1909年8月，正值詹天佑在宜昌勘定线路，制订计划，积极筹备开工事宜时，乔树枏因工程重大辞去了代宜昌总理，另举荐邮传部参议李稷勋接任。李稷勋是一位高级知识分子，临危受命，赴宜昌就职。

但因中国初办公司，一切都是新的，没有经验，特别是财务管理混乱。川汉铁路公司驻沪总理施典章，掌握着公司350万两路款，将其用于上海橡胶股票投资，经查核发现亏掉路款共250万两，引起了股东不满，纷纷声讨乔树枏。乔树枏因作为负全责的总理难辞其咎，加之股东争权，1910年11月，乔树枏不得不辞去总理职务。

宣统三年（1911），清廷宣布铁路干线均归国有，保路运动爆发。

（四）保护敦煌八千文物

清光绪二十六年（1900），发现甘肃敦煌莫高窟藏经洞后，敦煌文物遭到外国文物贩子的巧取豪夺，流失严重。清政府腐败无能，加之敦煌地处偏远，这一发现没有及时为中国学者所知。1907年到1908年，敦煌莫高窟藏经洞的很多文物先后被斯坦因和伯希和攫取到手，运送至伦敦和巴黎，可当时中国对他们拿走了多少东西及藏经洞的剩余情况却一概不知。1909年秋，伯希和由河内来到北京，随身携带了一些敦煌写本，并将其中的四部典籍、古文书等出示给京师学者看。这时，京师学者才第一次得知甘肃敦煌莫高窟藏经洞。伯希和还告诉大家，藏经洞还有以佛经为主的写卷约 8000 卷，他并没有取完。

这一惊人消息立即被京师学者罗振玉报告给学部左丞乔树枬。乔树枬知道后积极处理此事，火速拍电报给护理陕甘总督请他把剩下的卷子购买送回学部。"清朝学部于 1909 年 10 月 5 日给陕甘总督府拍发《行陕甘总督请饬查检齐千佛洞书籍解部并造像古碑勿令外人购买电》，请将藏经洞剩余文物收购并解运北京。"①

清学部从甘肃敦煌莫高窟买回经卷 8000 余卷，全部解运进京。

这封学部电报是清朝政府处理藏经洞经卷仅有的档案记载，被收入《学部官报》第 104 期。乔树枬作为清学部左丞，积极保护敦煌莫高窟经卷，为保护国家文物做出了重要贡献。

（五）清风拂袖苦涩而终

乔树枬初做京官时，官微职小，薪水微薄，不时还得靠他人周济。乔树枬曾做过四川按察使崇纲的师爷，乔崇二人情谊深厚，乔树枬一直得到崇纲的资助。至光绪十年（1884），乔树枬任刑部主事后其经济状况才有所好转。

乔树枬从刑部主事、郎中、御史，到学部左丞，二十余年的宦海沉浮，一路清风拂袖。除了其曾于 1894 年回川买地葬母建祖茔时，购置过些许田地外，再没有关于乔树枬在他处有房产的记载。

清朝灭亡后，乔树枬曾去苏州讲学，逗留一年后返回京城。回京后，乔树枬到法源寺皈依。1917 年，乔树枬在北京法源寺逝世。

乔树枬的一生是正直的，但也是苦涩的。乔树枬的巅峰时期，正值动荡的清朝晚期。他赞同社会改良，参加改良探讨活动。但当改良发展成革命，变为要推翻清朝帝制时，乔树枬又退缩了，变成了保皇派，他不赞成推翻清王朝。

乔树枬在母亲尹太夫人的墓志铭文中表露了他的艰辛苦涩。

乔树枬病故后，其生前好友马其昶为之撰写了墓表，其孙乔大壮扶柩回成都，将其葬于潘家沟母亲坟旁（今双流彭镇鲢鱼社区），其坟曾被夷，现已重建。

---

① 王冀青：《斯坦因敦煌考古档案研究》，兰州：敦煌文艺出版社，2020 年，第 273 页。

三、民国爱国文化人乔大壮

乔大壮（1892—1948），原名乔曾劬，字大壮，乔树枏之孙。

乔大壮幼年丧父，由祖父抚养督教，故启慧甚早，承继家学渊源，深受祖父思想道德情操的影响。年轻时就读于京师大学堂，博究经史诗文，复入译学馆，通法文，旁及佛典，善作诗，导师辜鸿铭称其为通才，唐圭璋誉其为"一代词坛飞将"，他的诗词清新雅丽又卓然脱俗，其书法和篆刻艺术也享有盛誉，其篆刻艺术被业界与齐白石并称"南乔北齐"，素有"三绝"之称，其经历也极富传奇色彩。

1948 年 7 月 3 日夜，乔先生投江于苏州梅村桥下，以爱国爱民立身的先生，却因忧国忧民愤世而投江自尽。1948 年 11 月，其子乔无遏用飞机将先生骨灰运回成都双流擦耳岩河畔的祖茔潘家沟。

我参加了《乔大壮人物研究》的相关工作，阅读了众多研究文章，对先生的平生有一定的认识和研究。多年来，人们对其忧国忧民、效屈投江而死的评述不一，而妄加分析无端揣测的文章却多。

（一）从诀别诗中探寻乔大壮投江死因

关于乔大壮投江之因，有人认为在新旧两个时代交替之际，其因知识分子的彷徨及无所适从而自了其生。可是当时的中国，决定国共两党命运的三大战役都还没有开始（1948 年 9 月 12 日辽沈战役才开始），哪来的新旧社会将交替之际，知识分子彷徨苦闷无所适从？这显然是主观臆断。有人说是因乔大壮居无住所，孑然一身，老年寂寞孤独，心情颓丧，嗜酒过量，失业，生活陷入困境所致等，这显然也是主观臆断、妄加猜测，有辱其人格。乔大壮死时仅 56 岁，并不算老，儿女皆成家。在我看来，以上都不是乔大壮先生投江之因。而要寻找乔先生之死因，当从他临死前所写的诗中一探究竟。

（二）离世前的社会背景与遭遇

抗日战争胜利后，乔大壮随中央大学从重庆迁回南京。1946 年国民党发动内战，时局发生变化，他经历了一场无比沉重的伤痛。二儿子乔无遏在抗战时期参加空军成为飞虎队队员，击毁日机四架半（半架是与人共同击落），成为民族功臣，乔先生甚是欣喜，并以其为傲。但在国民党发动内战后，乔无遏奉命开飞机去解放区作战，而先生的大儿子乔无忮在解放区，家里也成了自家兄弟打自家兄弟的内战。乔先生深感愧对国家也愧对祖宗，一下子陷入国恨家辱的情感之中。

　　1947 年 3 月，国民党当局召开国民代表大会，先生酒后大骂"费国民血汗已几亿，集天下混蛋于一堂"①。1947 年夏，先生所任教授的南京中央大学，有七名教授未被聘用，先生出面与校方交涉但无果，先生在已接到聘书的情形下，也毅然辞去教授之职，与七名教授站在了一起。当年秋，先生应台湾大学文学院中文系主任许寿裳之邀，赴台湾大学任中文系教授。不料 1948 年 2 月徐寿裳被害，好友的遭遇使先生万分痛苦。1948 年 3 月，先生继任了中文系主任之职，期间结识了来台作访的钱锺书、向达②等。1948 年 5 月，因台湾大学教学任务不重，乔先生做安排后回了上海，期间走访好友，等待台湾大学下学期的聘书。在上海，乔先生走访了徐玉森，在南京探望了旧友曾履川，门生蒋维崧。1948 年 6 月月底，乔打听到台湾大学没有发他的聘书，写下了《过南京留别履川二首》。1948 年 7 月 2 日，先生住在上海女儿乔无疆家，第二天先生独自去了苏州，在客栈写下最后的诗《无题》，寄予门生蒋维崧。当晚，他投江自尽于苏州梅村河。

过南京留别履川二首

其一

空中传恨复如何，老去分明托逝波。

但使此坛千日醉，平生无泪比黄河。

其二

颂橘诗成见苦辛，国中荡荡更无人。

此行不是无期别，试向初平觅道真。

无题

白刘往往敌曹刘，邺下江东各献酬。

为此题诗真绝命，潇潇暮雨在苏州。

　　从 1948 年年初至投江的当天，半年中，与乔有密切接触的三位友人后来写有文章，可从中了解乔的生活和精神面貌情况，即台静农的《记波外翁》、

---

　　① 我向乔新教授打电话问乔大壮骂当局"集天下混蛋于一堂"之事，乔老说，当时他父亲喝了酒，醉醺醺喷口而出怒骂当局，影响很大（乔新当年 20 岁）。

　　② 向达（1900—1966），北京大学教授，敦煌学专家，于 1948 年 3 月与钱锺书一起访问台大时认识乔大壮，他于 1948 年 8 月 17 日写了《悼乔大壮先生》。

马小弥①的《难以忘却的记忆——记许寿裳、乔大壮、马宗融三老之死》、向达的《悼乔大壮先生》。

以上是乔先生死前的背景，也可以说是他写诗的背景。我们可以在此背景下去分析其诗的内容和写诗时的心境。

（1）空中传恨复如何，老去分明托逝波。

从乔先生的遭遇和当时的社会背景可知，他痛恨内战。"复如何"，又如何？最终，人都是要老要死的，死了就了了，一了百了。"逝波"，逝世之事，逝之波澜。

生时虽不能"恨"如何，但死后也要"托逝波"，即托借死事说事，以唤起人们之觉悟。先生把此恨托付于自己死后，希望以自己的死引起社会的关注，以此换来当局的清醒及人民的觉悟。

（2）但使此坛千日醉，平生无泪比黄河。

先生一生爱酒，而此时因恨而嗜酒，整天以酒相伴，醉酒寻安。在台湾，许寿裳遭害，乔先生联想到其后的黑暗势力。由国家的内战联想到自己的两个儿子在战场上厮杀到自己一生的坎坷，先生内心痛苦，悲恨翻腾，无泪胜有泪，似滔滔黄河。嗜酒是表象，内心挣扎痛苦才是真。

（3）颂橘诗成见苦辛，国中荡荡更无人。

笔者认为乔先生这里指的是屈原的《橘颂》。

屈原是战国时期楚国著名诗人，是中国历史上第一位伟大的爱国诗人，《橘颂》是屈原借物抒志，以物写人，抒发志士仁人爱国思想的作品，是屈原忠贞爱国之心的表达。屈原以诗明志的《橘颂》，才称得上"国中荡荡更无人"。

（4）此行不是无期别，试向初平觅道真。

"无期别"指我的死不会也不是一死了之，是会唤醒人们的。我以我的死"觅道真"。此行不是无期别，我不是无缘无故地去死，我以我死唤起国人的觉醒，我以我的死寻找家国和平及和睦之道路。

（5）为此题诗真绝命，潇潇暮雨在苏州。

先生告别于世的最后两句，为此题诗真绝命，与其说先生感叹"题诗"真绝命，不如说先生在感叹人生的真绝命！潇潇暮雨在苏州，先生把最后一句诗，留在了苏州。暮雨中的苏州河畔留下了先生悄然而去的最后背影。

① 马小弥，台湾大学教授马宗融的女儿，于 1980 年 5 月 29 日写下了《难以忘却的记忆——记许寿裳、乔大壮、马宗融三老之死》。

从整体来看，"恨"贯穿三首诗的核心。三首诗都围绕这一核心展开，描写心境。很清楚很明显，乔大壮先生是带着悲怆之情、满腔愤恨，效屈投江自尽的。

乔先生三首诗的灵魂之处在于，虽然充满了求死之意，但先生认为这不是他的"无期别"，而是他以一种独特的方式在"觅道真"，去鞭挞时局唤醒国人，展现了先生的爱国之心。先生效屈投江，抒发了其爱国爱民之情，表达了希望天下太平、家国和睦之心愿，这是三首诗的高贵之处，灵魂之所在。

乔先生的三首诗里，没有一丁点对新旧社会意识的彷徨，没有生活陷入困境生存不下去的哀鸣，更没有"自杀乃常事"之表露。诗中充满了先生以死明志和爱国爱民之情，字字句句都是先生的真实感情，从诗中看不出先生还有其他死因。

由此可知，乔先生之死皆因痛感家国疮痍及民间疾苦，看不到内战能指向的国家前途，其真切的爱国爱民之心昭然若揭，痛惜其逝！

第六章
民国时期擦耳岩

成都市郊农村，一般都叫"乡坝头"，擦耳岩是典型的成都"乡坝头"场镇。民国时期，由于距成都近，擦耳岩就有了几分"洋盘"的风味儿了。

民国时期的擦耳岩，热闹纷繁。这里是川西坝子的中心镇，物资丰盛，商贸畅通，茶馆、饭店、酒肆、评书、围鼓、川戏、万年台，应有尽有，由于受成都政治文化等影响，民国时期擦耳岩素有"小成都"之称。

一、擦耳岩名称的来历

在成都大平原上，取名山区才有的"擦耳岩"名，也是够新奇够有创意的了。一种说法是，清朝时，崇州出了个赫赫有名的武官叫杨遇春，他在甘陕当总督，有一年回崇州祭祖，路过这里时，因下马不慎，摔下了河坎，跌落了乌纱帽，擦破了耳朵，于是就把这里叫作"擦耳岩"。另一种是说，金马河通航（主要是抗日战争时期）时，河水主流总是顺着陡峭的岩边急流到这里，总有撞头擦耳之危，于是船老大把这里叫作"擦耳岩"。民间传说就更多了，有的说棒老二多，从这里路过的人都要被扇耳光，于是叫这里为"擦耳岩"，其意是来这里要"挨扇耳光遭抢劫"。

民间传说没有证据，还是看有记载的吧。

史料记载，擦耳岩最早的名字叫虾津，因这里金马河边虾蟆多而得名，后因上有温江的三渡水、下有旧县新津渡，这里的渡口恰恰位居其中，所以又被称为中渡。《双流县志（嘉庆版）》记载为金马场，清雍正八年（1730）为双流县永丰乡管辖（彭镇为永丰场），民国初年（1912）为西五团，民国二十二年为二区三联（彭镇为二区，擦耳岩属彭镇管辖），民国二十三年（1934）设保甲制为擦耳乡，解放初仍为擦耳乡，1959 年至 1982 年为擦耳公社，1982 年至

1994 年恢复为擦耳乡，1994 年至 2019 年改名为金桥镇，2020 年与彭镇合并。

据《双流县志（民国版）》记载：中渡治西二十五里擦耳崖，为金马江要津。可见，擦耳岩曾用名"擦耳崖"。① 而《四川历代方志集成》中记载中渡：治西二十五里擦耳崖，为金马江要津，即沙湾上游十里。由此可知，擦耳岩至少在 1820 年前就以"擦耳崖"之名存在了，其渡名为"中渡"。

尽管将擦耳岩改名为金桥镇，如今又与彭镇合并，但方圆百十里，老人们还是叫这里"擦耳岩"。具体其名由来为何，有待更多详细史料进行佐证，待有识之士据未来考古资料进行更准确的判断，此处笔者抛砖引玉以待来者。

二、擦耳岩街道及正街

根据史料记载和老人们的记忆，民国时期的街道和主要商铺有徐茂森米铺、徐茂森茶铺、伍兴德家茶铺、李善培家茶铺、覃宗良二爸家茶铺、覃宗良家饭店、徐少南郁金收购加工铺、李静波三间铺面、长庚旅店、艾洪顺郁金收购加工铺、李白清旅店、人家旅店、康家饭店（旅店）、石灰市、陈酱油铺、消防缸、李少甫茶铺、李崇蒿铺面等（如图 3-6-1 所示）。

擦耳岩正街是擦耳岩的主要街道，街上主要的商铺是饭馆旅店，如长庚旅店、李白清旅店、人家旅店、李家寺街上的康家饭店（旅店）等，还有徐茂森的米铺、艾洪顺郁金中药材收购加工铺、李家寺西场口的石灰铺等。

正街宽阔笔直，房屋整齐划一，地面平坦，各色店铺鳞次栉比，每逢赶场最为热闹。因此地是成都西去崇州等地的主路，过往人多，闲天时也不冷淡。

据史料记载，擦耳岩最早是成崇路（成都至崇州），后来为双崇路（双流至崇州），擦耳岩正街建于民国十七年（1928）。

---

① 双流县旧志丛书整理委员会：《双流县志（民国版）》，北京：中国文史出版社，2014 年，第 26 页。

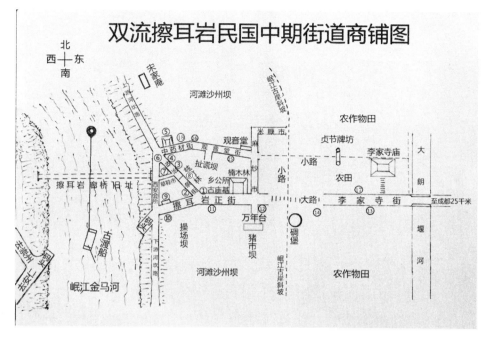

图 3-6-1　民国时期擦耳岩街道及商铺图

注：①徐茂森米铺；②徐茂森茶铺；③伍兴德家茶铺；④李善培家茶铺；⑤覃宗良二爸家茶铺；⑥覃宗良家饭店；⑦徐少南郁金收购加工铺；⑧李静波三间铺面；⑨长庚旅店；⑩艾洪顺郁金收购加工铺；⑪李白清旅店；⑫人家旅店；⑬康家饭店（旅店）；⑭石灰市；⑮陈酱油铺；⑯消防缸；⑱李少甫茶铺；⑱李崇蒿铺面。此图根据伍兴德在擦耳岩街道上指认，参照覃宗良的《往事如烟（内部资料）》，由笔者于 2021 年 4 月绘制而成。

三、各式茶铺

擦耳岩正街中间的主要岔口，形成"丁"字形街口，这条街斜斜地通到金马河上游，街长约 200 米。这里的住家户是比较有身份的，如一些舵把子、袍哥和保长等。这条街上茶铺较多，其中以陈汉波、徐茂森和伍晓轩三家茶馆最有特色，它们构成了擦耳岩正街中的一道风景线（如图 3-6-2 所示）。

图 3-6-2　现在的擦耳岩这条街上多家旧时茶铺

为什么这条街能成为"政治一条街"？这是因为擦耳岩的舵把子、袍哥喜欢在这条街吃茶摆龙门阵，而且最爱摆有关成都的时事类龙门阵，因此这里也被戏称为"政治一条街"，擦耳岩也因此有了"小成都"之称。

在四川，茶馆就是社会公共空间，袍哥以此为码头或公口。从这层意义上说，袍哥还带动了此地茶馆的繁荣，因为他们不仅自己开办了不少茶馆，而且还为很多茶馆提供保护，再加上他们以茶馆为据点，在那里联络、聚集和开会也给茶馆带来了可观的客源。

凡袍哥都有码头，码头就设置在大大小小的茶馆内，所以茶馆也是他们交流信息的重要活动场所。袍哥之间的江湖黑话形式之一就是"摆茶碗阵"：当袍哥成员进入茶馆以后，找一张空桌坐下。等到茶端上来后，不会急着喝茶，而将茶盖放在茶托上，一声不吭地坐着，表示在等人。堂倌通过其姿势发现对方可能是袍哥成员，于是用约定俗成的方式进行询问核实，然后再上报给自己的管事。

去茶馆"吃讲茶"也是袍哥在江湖中的一种默契。"吃讲茶"就是袍哥之间有了冲突以后，会到茶馆去评理讲和，用茶馆代替法庭，所以那时候的茶馆也被称为"民间法院"。例如，张三和李四有了纠纷要上茶馆进行调解，就由他们俩请出当地有头面的人物王二进行仲裁。张三和李四经过一番舌战讲清事情缘故，最后由袍哥大爷王二评是非。如果双方都有不对的地方，就需要各付一半茶钱；如果一方理亏就认输赔礼付茶钱。有一句俗语：一张桌子四只脚，说得脱就走得脱。

陈氏茶馆，即陈汉波所开茶馆，这里是袍哥们经常聚会的地方，对门的袍哥大爷李善培，几乎每天叼着长烟杆过来喝茶，其他舵把子等常来作陪，兄弟们则在后院里打牌、掷骰子。这里也经常"讲理性断案"，李善培等就是公断人。

徐氏茶馆，即徐茂森所开茶馆，在正街岔口处，成都距擦耳岩五十里，清早上路，中午就到擦耳岩，正是过路客歇脚的地方，徐氏茶馆也就成了过路客喝茶或休息的好茶铺。于是，这里也就成了每天外来奇闻逸事传播的地方。

伍氏茶馆，即伍兴德之父伍晓轩所开茶铺。茶铺古旧简陋，高方桌，长板凳，具有浓厚的地方风味，乡上五老七贤也爱来这里聚头。来的主要是一些老街坊，有医生、生意人等，还有附近乡下的小绅。除了打牌，就是品茶聊天，所谈话题政治气氛较浓。每天外来的奇闻逸事，一杆烟的功夫就会从徐氏茶铺传到这里来。擦耳岩属双流西域边缘，过河后就是崇州。五老七贤向来颇关心国家大事，知道的事情不少，从防区时代的军阀混战到抗日战争等都是他们热烈讨论的话题，尤其是内战时期，令不少人忧心忡忡。

因擦耳岩属政府鞭长莫及的难管之地，大谈国事与政治就成了这条街的特色，擦耳岩始终与成都保持着信息畅通，因此有"小成都"之称（现在的茶铺如图 3—6—3 所示）。

图 3—6—3　现在的擦耳岩茶铺

四、擦耳岩主要街市

在我的记忆里，这条街上有一家小人书店，一分钱看一本。而坐在书店里看书的小朋友，才不那么老实，趁书店老板不注意，就把别人看完了的书交换过来看，进一次书店，要看三四本书后才依依不舍地走人。

别小看了小人书店，它是当时青少年唯一的课外读物地。我在这里读到了很多历史故事、科普知识及童话故事等。对于那个年代的我们，这无疑是了解世界的启蒙教育。

擦耳岩正街上，有多家饭店，来吃饭的主要是推鸡公车、挑担的力夫等。一般他们都吃得很简单。擦耳岩的百货铺中，主要有为过路人准备的草鞋，很显眼地挂在铺子上方。

（一）中药材街

擦耳岩街的西北段，有一段百来米的街，是擦耳岩的中药材市场，中药材街是专门为种植中药材的药农和外地来采购的药商而设的，每逢赶场人来人往，十分热闹。

擦耳岩的特产是郁金，还有川芎、黄檗等中药材，主要种在含沙量较大的下游河坝里。常有货船来收购，顺流运至宜宾、重庆、武汉等地，然后转运到广州、香港等地，甚至出口东南亚。其中以郁金最负盛名，形、色、味俱佳，尤以黄丝郁金闻名，为全国之冠，与温州、广西的同类产品相比，因有内胆，药效更佳，故在国际市场上更畅销。新中国成立初期，这些中药材的生产和贸易仍然持续，比较兴旺。

（二）观音堂街

此街东头有座观音堂，因此叫观音堂街。西头靠金马河有个太平缸。观音堂大，也很古旧，主要是街上和远近的妇女前来进香许愿之地。太平缸是由青灰和鹅卵石砌成的面积为六七平方米的长方形水池，据说是用来蓄水防火的。

（三）草鞋市

西安会馆旁边，有一条较小的街巷，从河边通到正街上的伍家茶铺，这里平时有一两家卖草鞋的农户，每逢赶场人就多了。除卖草鞋外，还有卖竹编货的。

（四）米糠麻纱市街

一个直角弯街，每逢初三、初六、初十可以赶场，是农民卖米糠、麻纱的街市。麻纱是由大麻皮制成的，质量颇佳。大麻皮可剥下制绳，更可绞成较细的麻纱用以织布，最常见的是做麻袋，销路很广。

（五）西安会馆

据擦耳岩老人伍兴德等说，从前正街的背后，面朝金马河有座庙宇，原名"西安会馆"。庙里有十多尊菩萨，右廊下的两座雕塑是关公和张飞，塑得精致、雄壮。关公是历史上的"武圣人"，是四川袍哥最崇拜的偶像。

关公庙是一种民间传统文化的载体。关公是一种文化现象，也是一种精神寄托。关羽因辅佐刘备完成大业，被后人推举为集"忠""信""义""勇"于一身的道德楷模。擦耳岩的西安会馆说明了擦耳岩这座商贸兴盛、街市繁荣的乡镇，做事遵循"忠""信""义""勇"的原则，这是擦耳岩人民的一种基本信仰。西安会馆建于何时无从考证，但毁于1933年的叠溪洪水。

新中国成立后，此庙剩余部分改建为县水利局金马河管理站。

（六）李家寺

李家寺是座规模宏大的宝刹，隐藏于楠木林中，寺庙有殿堂无数，大小菩萨上百座，都塑得庄严肃穆，栩栩如生。尤其大雄宝殿那尊如来佛，极其高大，全身好像镀了一层金似的，金碧辉煌。整个庙宇浓荫蔽日，两株楠树已有几百年的历史，要好几个人才能合围。

李家寺原名云峰寺，属古刹。《四川历代方志集成》记载："云峰寺，在治西二十里。明万历间建。清康熙八年，僧清株修，更名李家寺，并修寺东万寿桥。乾隆六十年，僧方山重修。"[1]

可见，李家寺在明朝就已建成，并于清康熙年间在寺庙旁的大朗河上建了座砖桥，即李家寺东头的桥，起名万寿桥，后名云峰桥。

李家寺的庙宇前，有个大场坝，供庙会活动之用。进大门，是灵宫殿，顶上有阁楼，还有若干小菩萨。再进去是一个宽敞的天井，左右两边各有一株大楠树，高大挺拔，苍然翁郁，几里路外都能看见。进入天王殿，宽敞的庙堂里

---

[1] 四川省地方志编纂委员会：《四川历代方志集成（第二辑·7）》，北京：国家图书馆出版社，2015年，第40页。

有四大天王。从天王殿左右两侧门进到后面，是一个相当大的四合院，中间的天井大约一亩，两侧殿堂供有菩萨若干，正面是大雄宝殿。

庙宇的存在说明擦耳岩街镇的历史悠久。尤其是关公会馆的存在更是反映了街镇和居民都达到了一定规模。它是在有钱有势之人的主持下修建的，目的是教化本街镇的人们像关公一样重义气、守道德。这一带除彭镇有关公庙外，就只有擦耳岩街镇建有关公庙了，由此可见擦耳岩在清朝前的规模。

（七）河边渡口

岷江金马河河边是擦耳岩古渡最主要的景观。夏秋季观看河面宽阔的金马河，渡船在激浪中来来回回；冬春季观看干枯的金马河，来往人流从河中一处临时竹木桥上穿行。

金马河夏秋季水量充沛，主要靠渡船载客。有几个渡口，大船一次能载百人左右，由竹篾拧成的长长的牵簾挂着岸头与大船，顺水摆渡，借势省力。但夏秋季常有翻船事故，大船也难幸免。

（八）楼子桥址

清末，擦耳岩金马河上有座廊桥，俗称楼子桥，桥址在擦耳岩的西安会所偏上点。据记载，桥的全称为"四川双流县擦耳岩西安大桥"，长约 200 米，建于 1890 年，约 1896 年被洪水冲毁。桥墩为石垒基座，由三根大木柱支撑，桥面为木柱龙骨，木板铺面，木桥栏，桥栏有坐板，桥上盖顶，属于昼夜可通行的风雨桥。

（九）万年台

场镇东头有个戏台子被称为万年台，常有戏班子唱川戏，一唱就是十天半个月。看川戏是乡人的一大娱乐方式，远近十几里的人都闻讯而来，比过节还热闹。万年台是宫殿式结构，台下被称为台子坝，能容纳几百人甚至上千人站着看，既无包厢，也无茶座，街上居民就自带凳子。

（十）操场坝

场镇南端不远处的河边上，即西安渡口下边约 100 米处，原有一个操场坝，用沙土和碎石铺成，上面长着一层野草，比较宽广平坦。抗日战争时期常在这里训练壮丁，当地的地方武装和受训百姓也常在这里出操。之后又作为开农会等各种庆祝大会和放露天电影的广场。我和当地一批青少年曾多次来这里凑热闹，参加扭秧歌、打腰鼓等表演活动。后来，这个坝子连同河坝里的一大批良田都被洪水冲毁了。

五、擦耳岩街市人气

（一）人气兴旺

擦耳岩逢初三、初六、初十有赶场。由于物产丰饶，又有大批名特产，加之地理位置优越，擦耳岩成为双流西部最重要的商业场镇。民国时期，擦耳岩很繁荣。全街的茶铺有三四十家，饭馆、酒店各十多家，旅店七八家，它们往往深夜还开着，灯火较辉煌。每家旅店门口都挂着一个长方形的大灯笼，上面写着"未晚先投宿，鸡鸣早看天"等通俗诗句，往来投宿的客商和运夫是相当多的。一到赶场的日子，大街小巷各个场坝都形成各种集市，如鸡市、猪市、糠市、米市、麻皮市、麻纱市、药材市、甘蔗市、草鞋市、柴草市等，一片繁荣景象。

（二）酒香茶浓

擦耳岩的茶铺、饭馆、酒店等具有浓厚的地方特色。老人们说，尽管现在的店铺继承了某些特色，仍远不如当年的风味。以前的老川味十分正宗，现在难以尝到；以前最普通的烧酒、香酒，现在的名酒等也难以相敌；以前的茶馆，是用金马河很清亮的水沏的茶，真正的河水香茶，现在的人更难吃到了。茶馆不仅卖茶，还是进行各种活动的舞台，除有麻将、纸牌等娱乐活动外，还有说评书，唱川戏围鼓，打金钱板，卖水烟，卖香烟瓜子，挖耳朵，修脚趾等。更重要的是，在这里可进行重大的生意交易，既是袍哥码头聚会和联络的地方，也是地方上讲理性（打官司）的场所。

（三）小吃多样

当地的传统小吃品种相当多，下面主要介绍许豆腐、钵钵肉和烧鸭子。

许金山卖的豆腐实际是一种菜豆花，类似北方的豆腐脑，较雪白、细嫩，盛在碗里后浇上卤汁，抓点芽菜、大头菜碎、油炸黄豆、花生米等，再放点各色调料，吃到嘴里味道极佳，非外地的豆腐脑或菜豆花所能媲美。这个外号叫"许幺爸"的老板，是个极精细、讲究而又较守旧的人，脑袋上一直盘着一根几尺长的发辫，在生意上严守古训，一丝不苟，一切用料都亲自筛选和加工，花生和黄豆要一般大，炸时要掌握火候。由于操作上的严格把关，这一普通小吃名闻遐迩。

杨海廷卖的钵钵肉，主要用猪头和猪耳朵制成，切成一两左右一大片，用一个比脸盆略小的缸钵盛着，插上两双筷子，扛在肩膀上沿街叫卖。猪头、猪耳都打整得很干净，煮到刚熟，略脆，每片切得几乎一样大，调料虽然是一般的温江酱油加上熟油辣椒、花椒、白糖等，但搭配适宜，进嘴后除了麻、辣、咸、鲜、脆等口感外，还有一股桃仁似的香味。每片相当于现在几角钱，用筷子夹上，在缸钵里涮一涮，把调料蘸得浓浓的，再张大嘴巴送进去。杨海廷死后，这一名小吃也失传了。

余麻子卖的烧鸭子也堪称擦耳岩的一绝。鸭子做得又酥又脆，偏重酥、脆。余掌柜多年来不断摸索、总结经验，用料和加工都有门道，外人学不到手。烧好的鸭子一挂上摊位，香溢满街，令过路人垂涎三尺。它全身都可以吃，长长的鸭嘴也可进嘴慢慢咀嚼，味道无穷。这种余氏烧鸭已有传人，虽然在价格上比别人的稍贵一点，仍很受欢迎，生意一直红火。

（四）赶场

赶场在成都平原农村生活中是非常重要的，赶场促进了人与人的交流，实现了物品的交换与流动，也有利于信息的交换与流动。

每逢赶场，四面八方的人便向场镇集中。街上的铺面，一大早就开门摆弄货物商品，摆设货摊，慢慢地，强壮的汉子、佝偻的老太婆、清秀的村姑、流着鼻涕的孩子会陆陆续续到来。他们有的挑着箩筐，有的背着背篼，有的提着篮子，里面装着自己要卖的农产品，到集市摆起，等待买主，他们卖到钱后，再买些自己需要的物品，然后去喝茶，歇歇后再回家。赶场这天许多农民不下田地干活，而是在街镇上喝茶休息，这一天也是商贩忙碌做生意的一天。

过去，擦耳岩赶场的人习惯大声说话，他们嗓门很大，即使面对面说话，也像相隔几亩田似的大声喊叫，人声喧哗，轰隆隆一片，人声压倒一切，连家禽家畜的吼叫声都被掩盖下去了。满街都是呼朋唤友的、喊爹叫娘的、推车担挑嚷着让道的、叫卖的、讲价的、打架的、劝架的等，谁都想把自己的声音提高到压倒别人声音的程度，焉能不把嗓门练得特大？但只有台子坝的猪市上比较清静，偶尔有几声猪叫。在这里，人们讲价一般不在口头上，而是习惯在袖笼子里或长衫底下互相摸手指头，对第三者是完全保密的。

（五）端阳节"抢鸭子"

擦耳岩以前最有特色的文化娱乐活动是每年端阳节"抢鸭子"，这一活动是在金马河上进行的。那些年头，这个时节的金马河水面开阔，但流速平稳，适合游船竞渡。端午节这天可以说是擦耳岩一年之中最热闹的日子，家家店门大开，正街上扯满天花，小孩们用雄黄涂脸，佩戴香包、菱角，吃粽子，感到既幸福又好玩。沿河两岸和几十里外的人都来金马河边看"抢鸭子"，一饱眼福。鸭子是从河心一艘大彩船上抛下的，在它周围游弋着许多只小巧轻便的小船，每只都载着几个抢鸭子的游泳好手，只要看见大船上一敲锣抛下鸭子，小船都像离弦的箭一齐奔过去，等不到船靠近鸭子，水手们便一齐跳下去争抢，在水里打得不可开交，两岸成千上万的观众齐声呐喊助兴，欢呼声震天动地。但这些鸭子不大容易抢到手，据说是灌了酒的，野性较大，眼看人靠近它，便一头扎入水中不见踪影，从老远的地方钻出来或扑腾一下在水面上飞起来，引得水手往返奔波，在水里混战一场，煞是热闹。这种场面简直使金马河成了沸腾的江河，欢乐的海洋，擦耳岩也因此名声大噪。可惜这一很有意义的民间活动现在已没有了。

（六）耍街灯

此外，还有耍街灯的，主要是正月初一到正月十五，常有本地或外地人到街上来耍灯，有龙灯、狮子灯、牛儿灯、高脚灯、彩莲灯、幺妹灯等，年味很浓。

擦耳岩还耍过"笑狗"灯，就是天旱的时候，为了求雨，扎了些奇奇怪怪的像狗一样的灯，让人看了就笑，越搞笑越好。有句话说"笑狗天下雨"，就是此意。耍"笑狗"灯时，还有水龙灯、水盆灯等助兴。

六、擦耳岩特产

（一）金马河麸金

麸金，即碎薄如麸子的金子。岷江上游松潘扎尔古地区，有一座金矿，据说川西不少人想发财纷纷前去探试过，包括我们街上一个姓严的大爷在内，但都无功而返，只能看见岷江水底及岸边分布的沙金。我小时候常见到岸边有淘沙金的人，方法很原始，效率不太高，未看见他们淘出的沙金是什么样子。

金马河沿河一带，曾经有不少村民在手工淘取沙金。在河滩地找有沙金的地方那得全凭经验。要选在涨水后有沙金的地块，这种地块一般土质较硬，水冲不走。在淘取沙金时需要多人相互配合。如果是一个人的话，就需要一个刻有槽的木板，把挖起来的沙子倒在上面，再放入水中来回摇动，沙子随水摇走，金子由于密度大会沉积在槽内。等收集多了就用淘金盆拿到水里淘洗，由于金比重大，会沉于底，大点的金子可以用镊子夹出，小的一般就用水银提取了。多时，一天可淘沙金好几克。

（二）郁金子

《双流县志》记载，擦耳岩特产郁金。郁金，别名玉京子，或曰姜黄。因其气香而性轻扬，治疗郁遏不能升；五行之中肺为金，其功可散肺金郁。故名郁金。

郁金在金马河沿岸曾广为种植，可与萝卜、玉米等农作物套种。一般农历四月初下种，农历六月花开，花期长达四个月至六个月，腊月下旬开始采挖药果，直至初春，亩产在300斤左右。

双流擦耳岩金马河两岸种植的郁金被《中国药典》列为珍品，蜚声国内外，享有"广玉京"的美誉。擦耳岩郁金之所以享有美誉，奥妙就在于这里的郁金内有"胆"，其他地方的郁金则没有"胆"。而这个"胆"，不仅能行气、解郁、凉血、破瘀，还能抗衰老、提高免疫力等，更多新的药用价值尚在深入研究中。据熊德成的研究，擦耳岩种植郁金的历史有一千多年了。

金马河两岸之所以适合种植郁金，是因为这里两千多年前是宽阔的岷江，李冰修都江堰，形成内江分水后，古岷江河水量减少，两岸出现了大量宽阔的河坝沙洲，经千百年河中大量腐殖质沉积后，特别适合种植郁金。双流境内及崇州三江镇一带的金马河边，就成了四川著名的郁金中药材特色种植地（如图3-6-4所示）。

图3-6-4 金马河双流段金桥镇种植在宽阔沙洲地的郁金

不得不说，郁金种植，就是李冰修都江堰后带来的副产业。

此外，擦耳岩还广泛种植荆芥、白芷等中药材。

（三）屁扳虫

擦耳岩还有个中药材特产，是一种很不起眼但非常重要的虫子，大家称它为"屁扳虫"，而药书上称其为"九香虫"。根据李时珍《本草纲目》的描述，它除营养丰富外，还对部分疾病有一定的疗效。金马河边及河滩上的鹅卵石下，每年都大量滋生这种虫子，只要搬开石头，它仿佛会马上放屁，臭得你避而远之，这是它的自我保护能力，所以才叫"屁扳虫"。其实它全身都很香，所以有"九香虫"之称。据覃宗良老人回忆，他小时候就吃过，先要用水泡一下，让它们放完屁后再下锅干炒，炒熟后再放点盐，就可以抓进嘴里吃了，不但一点臭味没有，而且还很香，更是一份下酒的佳肴。几十年后，听说故乡人又兴起过吃"屁扳虫"的风气，只听他们说好吃。后来，金马河已面目全非，看不见多少鹅卵石，又因水量小而难以恢复以前的自然环境，这种虫子可能逐渐减少了。即使随着人们生活水平的提高，对它大概也不屑一顾了。

（四）栽桑养蚕

　　擦耳岩曾是蚕丝之乡，养蚕业历史悠久，河坝里曾有一大片桑树林，为蚕提供了充分的桑叶饲料。新中国成立前，街上不少居民仍在养蚕，包括我家在内，我小时候就吃过炒熟的蚕蛹，富有营养。我也常去河坝里爬桑树摘桑葚来吃，青的较酸，紫的很甜。我还见过一些家庭煮茧抽丝，制成麻花形、银白色的几斤重的丝卷，作为商品拿去卖。不远的簇桥，就是远近闻名的蚕丝集散地。

　　除上述特产外，擦耳岩地区属成都平原，水稻是最广泛的农作物。这里的农民，大多还是靠一年两季的农作物水稻和小麦过日子。

第四篇
惊心动魄的擦耳岩近现代故事

　　清中期，擦耳岩经历了一场浩劫；民国期间，刘文彩调解袍哥纠纷；新中国成立前夕，擦耳岩革命者掩护成都大学生，开展革命活动，迎接解放……
　　风云变幻的擦耳岩近现代故事，令人感到惊心动魄。

第一章

清咸丰李、蓝扰蜀火烧擦耳岩刀光金马场

　　李、蓝是指一次农民起义指的是 1859 年（清咸丰九年）至 1865 年（清同治四年）由李永和、蓝朝鼎（蓝大顺）、蓝朝柱（蓝二顺）等人领导的反抗清朝封建统治的农民起义。

　　1859 年 7 月，因交不上粮，被官府差役逼得走投无路的云南昭通大关下十六乡一带的贫苦农民，共推粗识文字的青年农民李永和为首领，群起抗粮、抗捐。蓝朝鼎、蓝朝柱兄弟领导贩运盐货、私运鸦片的脚夫、苦力，在反抗清朝封建剥削压迫的共同基础上，很快与李永和联合起来，揭竿起义，以"不交租、不纳粮"，"打富济贫"相号召，宣布起义抗清。他们举起"顺天"大旗，称起义队伍为"顺天军"，共推李永和为"顺天王"，并纷纷割掉发辫，以示与清王朝决裂。蓝朝鼎孔武有力，尚义气，有勇有谋，在义军中被推为帅主，后来人们将"蓝大帅"误称为"蓝大顺"，将副帅蓝朝柱亦误称为"蓝二顺"。

　　起义队伍曾发展到三十余万人，活动范围遍及滇、川、鄂、陕、甘五省，起义持续了六年之久，沉重打击了清朝统治，客观上支援了太平天国运动。

　　清政府调集大批清军，对李部义军发起全面攻击，最终镇压了起义军。

　　起义军由于没有一套完善的规章制度，缺乏管理，造成了打砸、抢劫、烧杀地方百姓的混乱局面，故史称"李乱"或"李逆乱"，终致失败。

　　清金堂余澜阁，从清政府角度，撰记有《蜀燹述略》，意在记李、蓝扰蜀之迹，表彰清政府镇压农民起义的蜀官员。其中有起义军在擦耳岩的"焚掠"记载：

何知县

　　何公讳汝源，灌县人，道光朝孝廉。咸丰癸丑，大挑一等，任东河知县，循声卓著。莼鲈念切，告归田里，家于灌城。时蓝逆扰蜀，

奉宪札督办地方团练，与在籍知县高公溥共事，和衷办理，动合机宜。庚申春，贼由叙扰邛，县君英公启祥，委公同高公督练协守要隘。夏六月，贼窜扰崇庆分州，公同高公调勇防剿，禽戮颇多。秋九月，贼逼元通场，参戎马公及团练分道进攻，贼宵遁，走入丹棱。九月，贼复上窜，由双邑擦耳岩渡江，沿途焚掠。公急调练防守走马河上下隘口，贼不得渡。十九日，贼薄金马场，公督众堵御，酣战半日，众寡不敌，被执不屈，贼怒，剜目割舌而死。事闻，恤典有加。子升梁，荫云骑尉世职。①

记载说，公元 1860 年，李蓝军由叙永"扰"到邛崃，六月，"窜扰"崇庆州，九月又上窜，由双流擦耳岩渡江，沿途焚掠。何知县急调团练防守，十九日，与李蓝军在擦耳岩岷江河对岸的金马场酣战半日，因寡不敌众，何知县被捕，何不屈，李蓝军怒，剜目割舌将何致死。

此次，李蓝军"窜"到擦耳岩，抢掠和焚烧了擦耳岩正街古庙（后来的乡公所处），在擦耳岩河西的金马场与清军大战。这真是：火烧擦耳岩，刀光金马场。

金马场隶属双流，清咸丰同治年间，金马场的街镇比擦耳岩大。史志记载：

擦耳岩

在治西二十五里，与崇庆连界，旧在金马江南岸，今移北岸，市房九十五间，场期三六十日，特产郁京子。②

---

① 余鸿观：《蜀燹述略》，载《中国野史集成》编委会、四川大学图书馆编：《中国野史集成·42（先秦—清末）》，成都：巴蜀书社，出版时间不详，第 504 页，标点为笔者所加。
② 《双流县志（卷一）》，民国十年修二十六年重刊本。

第二章
刘文彩调解两县袍哥纠纷[①]

　　李崇蒿的成都表妹来擦耳岩看他，实际上是想嫁给他的。表妹的丈夫得病死了，又无儿无女。而李崇蒿又中年丧妻，表妹就是因为二人之事来擦耳岩看李崇蒿表哥的。没想到刚走到擦耳岩，表妹就遇到李少清的调戏，李崇蒿还被李少清打残了。表妹最终还是嫁给表哥李崇蒿作了填房，由于李崇蒿在弟兄中排行老二，表妹也就被称"李二嫂"。

　　李二嫂生在成都，人也长得漂亮，水灵灵的一双大眼睛，三十来岁，风姿绰约。擦耳岩这镇上找到耍头，比成都还安逸。李二嫂慢慢就喜欢擦耳岩了。万年台看戏，扯谎坝看杂耍，到附近的庙子去烧个香拜个佛，也算惬意。

　　只是，李二嫂就像一朵盛开的芙蓉花，难免招蜂惹蝶。她每天出门，都要和李崇蒿一起。

　　开始时人生地不熟，李二嫂要李崇蒿天天陪着出去耍，时间久了，他就心烦。李崇蒿与袍哥总管朱少廷常有来往，朱少廷结婚不久，也有位年轻的妻子，李崇蒿就介绍李二嫂认识了朱少廷的妻子朱二嫂，目的很清楚，李崇蒿是要朱二嫂替他陪自己的老婆。

　　朱二嫂是擦耳岩附近农村的人，才嫁给朱少廷不久，她个子不高，长得小家碧玉似的。能认识李二嫂，她很高兴，觉得李二嫂穿衣打扮、说话待人都很时髦。朱少廷也暗地里叫她多向李二嫂学学。

　　李二嫂初见朱二嫂，感觉这小媳妇小巧玲珑，虽然个子矮点，但还是很受看，让人喜欢，于是很愿意认识这位朱二嫂。一来二往，两人就成了很好的姊妹，每天都要相约街上耍。

---

　　① 本文根据覃宗良老人口述及其《往事如烟（内部资料）》进行了扩写，在笔者《成都擦耳岩》一书中曾提及，本次为详细论述。蒋剑康：《成都擦耳岩》，成都：四川大学出版社，2022年，第161～162页；覃宗良：《往事如烟（内部资料）》，2012年。

两人在一起，被人们称为两朵盛开在擦耳岩街镇上的成都芙蓉花，得到全擦耳岩街坊邻居的称赞，不久，擦耳岩的两朵芙蓉花就被传开了，整个川西坝子的各州县都知道了擦耳岩有两朵盛开的成都芙蓉花。

一天，扯谎坝来了个耍猴的，猴子十分调皮，看的人多，两位嫂子也一起到扯谎坝看。里三层外三层的好多人围着，她们好不容易挤到了中间位置。

那猴子还真调皮，耍着耍着，不听主人的话了，主人喊它拿草帽，它拿来了，主人喊它给自己戴上，喊了半天，它就是不给主人戴，主人拿起鞭子教训它时，它随手就把帽子甩飞，甩向人群了。

没想到，这帽子一下就甩到两位嫂子身边，吓得两人直往后退，但围观的人多没法退，李二嫂后退了一下就踩到了后边人的脚上，还打了个趔趄，幸好那人健壮，一把抱住了她，否则就摔倒在地上了。

被人抱住总不是光彩的事，当李二嫂回过神来，挣开那人的手站稳时，带着怒气地回头一看，正要发火，见是个年轻小伙子，她本想责怪小伙子几句，为啥要抱住她，话没出口，对方先开口了"你踩到我的脚了"，李二嫂低头一看，一只绣花鞋还真踩在对方的圆口布鞋上，她赶忙收回脚，想要责备人家的话也收了回来，感觉到是自己后退踩了人家脚的错在先，但看到对方抱过自己的手，还是在脸上露出了一些不快。

那小伙子松开手，见女人看着他的手，知道在责怪自己抱了她，他马上一脸无辜喃喃地说道："我不是故意的。"

李二嫂便没再说啥，拉起朱二嫂挤开人群就走了。

然而，被李二嫂子踩脚的这小伙子是崇州三江镇袍哥总舵把子徐德操的三公子徐兰亭。

擦耳岩有万年台，时不时就有外地剧团来演出。

有一天，擦耳岩街上贴满了告示，成都府的某个川剧团要来擦耳岩演几天川剧《白蛇传》，这在擦耳岩引起了轰动。这里好久没有剧团来演出了，万年台前的猪市坝，前几天就打扫干净了。演出那天，万年台下人山人海，人多得不得了。

不想，随着川剧的演出愈加精彩，有些人看不着就想挤各种角度看清楚，你一挤我一挤的，两边的人就挤起来了，挤得中间也坐不安稳了。开始，她们还抬了板凳坐在台下中间看戏，有两三个小伙子，挤到了她俩的侧边，李二嫂一看，这不是那天看猴戏的小子吗？

"两位婶婶好"，没有想到，小子先开了口，还叫她们"婶婶"。

听到人家叫她俩婶婶，辈分上就把自己抬高了。李二嫂心里放松了些。人家在尊重我们，我们可不要把人家想多了，于是就回了话。

"你们好，咋不抬板凳来？"

"姊姊见笑了，就是没有板凳，正想向姊姊借呢。"

"你们不是擦耳岩的？"李二嫂问道，这才感到他们不是擦耳岩人。这话一问，小伙子与李朱二嫂子就没有了陌生感，慢慢也就熟悉起来。

"我叫徐兰亭，三江镇的。"小伙子做了自我介绍。

原来，小伙子是擦耳岩对岸，崇庆州三江镇人，父亲是三江镇的大袍哥徐德操，他是徐德操的三公子。每到擦耳岩逢场总要带人来买中药材等物资。徐兰亭年轻，与他一路来的人才是师父。徐兰亭贪玩，来擦耳岩后总是避开师父玩耍，听说擦耳岩要唱几天戏，他就偷着来看戏了。没有想到看到两位嫂子，就想起了那天看耍猴的事，想蹭人家板凳坐就搭讪了。

坐就坐呗，叫你们姊姊，给下辈让一下座，也没有啥子。李二嫂子想着，就挤了一下朱二嫂，让出半个位置给徐公子坐。

三人坐在一根板凳上看戏，一连几天的戏，也就这样看下来了，与这三江镇公子熟络了。

徐公子天天坐人家的板凳看戏，总觉得有些亏欠两位姊姊，戏结束的那天，徐公子礼貌地说要请她俩到三江镇做客。

李朱二嫂子一听以为是徐公子的客套话，便推脱道："不用啦。"

徐公子倒是用了心，精心安排后，正式邀请两位姊姊去三江镇耍，并再三邀请。两位嫂嫂开始以为他说的是客套话，经徐公子再三邀请也不好推脱。但也只回答道，"改天再说"。这话也是推口话，其意思是以后有时间再说，既没有答应，也没有拒绝。没想到，徐公子还是一个劲儿地诚心邀请。二位姊姊才真的感到人家是真心请她俩了。

擦耳岩金马河对岸下游，就是崇州三江镇，路程十来里，过了河走路，对两位嫂子来说，还是要走一阵子的。不过，她俩都没有去过三江镇，去看一看、耍一耍也好。但咋个给家人说呢？

思来想去，反正只要一天，上午去下午就回来，不告诉老公是有人请她俩去的，是她俩自己约起去的。回去给老公说，要老公陪她们去三江镇耍，两家的老公都说忙，不能陪她们去。实际上，李崇嵩和朱少廷都是袍哥，都有自己的耍头，想到是两婆娘一起去三江镇，也不远，想去那就去吧，两家老公就同意了。

于是，两位姊姊也就答应了徐公子的请求。

约好的那一天，徐公子在擦耳岩河边的船码头，等了好一阵子，两姊姊才来。上船过河，上到河岸路边，早有三辆黄包车等候在路边，徐公子招呼着，请二位婶婶上了车，拉着他们去了三江镇。

自然，当天下午太阳还老高老高，二位婶婶就要回擦耳岩了，徐公子照样用黄包车把二位婶婶送到河西岸边，让二位婶婶下车后，自行过渡船回了擦耳岩。

没想，这一切都被船老看在眼里。不久，一件绯闻就在擦耳岩传开了。

李二嫂是擦耳岩多少年来的一朵花，尤其被李少清当街调戏后，李二嫂在擦耳岩的一举一动，人们都特别注意。于是，李朱二嫂子被三江徐公子拐走了的事，就在擦耳岩邻里街坊传开了。

有人说，徐公子是用三辆黄包车拉走的，但有人说，是用轿子抬走的，三江镇哪有黄包车？肯定是轿子抬走的，有的说，好像当天就回来了，有的说，隔了两天才回来的，不可能的事。东一传西一传，这话就越传越难听了。

最终，这话自然都传到了李、朱二嫂子各自的老公耳朵里了。李、朱二嫂子在各自老子家里一顿不客气的痛打下，也如实说明了来龙去脉，特别是去三江镇一天的情况，肯定是当天去当天回来的，中午就在街上饭馆里吃的饭，没有喝过酒，吃了饭又在街上转了一圈，她俩说要回来，徐公子开始还要留她俩在三江住一晚上的，二人坚持要回来，于是就回来了。

李崇蒿感到老婆去三江，是第一次去耍，也没有啥，也没有做啥子对不起他的事，也就没有再追究了。反倒是徐公子，要留二人住，肯定没安好心，倒是两婆娘坚持回来了，没有上当。李崇蒿是这样想的，朱少廷也是这样想的，没有人认为自己的婆娘有好大的错，错就错在徐公子没有安好心。

两老公知道了婆娘的事，只闷在心头不作声了。

擦耳岩的流言蜚语愈传愈多、愈传愈远，没过多久就传到了崇州三江镇，大袍哥徐德操也知道了这件事与自己的三儿子徐兰亭有关。

徐德操把徐兰亭叫来，徐兰亭就一五一十地说了缘故，说自己并没有做错啥事，是为了报答两位婶婶看戏让座的好心，才请她俩到三江来耍的，他怕怠慢了两位婶婶，还专门到崇庆州街上包了三辆黄包车来拉她们，在街上招待她们吃了一顿饭，就送她们回擦耳岩了。

徐德操想了想，儿子也没有做啥出格的事，坐黄包车拉二位婶婶，也算是超规格接待人家了。做事待人，超点规格也没有啥。

不过，擦耳岩街上传的流言蜚语，自然也传到了他们袍哥舵把子里头来了。作为袍哥界，不得不过问一下这事，李崇蒿和朱少廷在袍哥们的追问下，将事情一一说了出来。

大家认为，一是徐公子在扯谎坝抱了李二嫂，调戏了擦耳岩女人；二是又在万年台不怀好意靠近李二嫂，动机不纯；三是邀请擦耳岩两位嫂子去三江，一定有他的坏心思。就这三点，他三江舵把子徐德操没有管教好儿子，要给擦耳岩说清楚，赔礼道歉！

此话传到了三江徐德操耳里，他很不平。

三江擦耳岩，两边就这样东传话西传话，话也就越传越大，越传越不中听了。有两三次，徐德操到擦耳岩来，都想到陈汉波和伍晓轩茶铺子里来"摆茶碗阵""讲理判案"，但他还是想大事化小，小事化了算了。

擦耳岩这边流言蜚语多，天天滥传，已经不是二位嫂子的事了，而是三江袍哥侮辱擦耳岩女人的事了，非要找三江袍哥徐德操理论。

就此，擦耳岩袍哥与三江袍哥结下了梁子，闹得不可开交。

大邑安仁袍哥刘文彩，常走三江经擦耳岩去成都，早就听说了三江跟擦耳岩结梁子的事，想到两地袍哥都是兄弟伙，何必这样，有时间给他们调解调解。刘文彩这样想，但主要还是想借此事涉足擦耳岩三江的袍哥，把他们都纳入自己的麾下。

刘文彩涉足袍哥甚早，早年就是大邑县总舵把子牟秉年的拜弟，并被牟封为小老幺。当时他以牟秉年亲信的身份，出入大邑和附近各县的场镇，所到之处备受当地袍哥的关照。

刘文彩是大邑安仁"公益协进社"的总舵把子，"公益协进社"由安仁原来的五个袍哥公口合并而成，由刘文彩掌握实权，可谓"川西王"。

有一天，刘文彩走擦耳岩过，在徐茂森的陪同下，正在他的茶铺里吃茶，迎面走来了擦耳岩大袍哥李善培，徐茂森招呼进坐上茶，与刘文彩打了招呼坐下，忽然想起刘文彩常走三江镇过来，想起擦耳岩与三江袍哥徐德操的事，正好请刘文彩出面做个调解，刘文彩在川西坝子的袍哥地位是无人能及的，请他作调解亦是理所当然。

经李善培这么一说，徐茂森也在打帮腔，开始时刘文彩还推，在李善培的再三邀请下，他还是答应了。

不过，刘文彩向李善培提出了一个条件，调解要有"仪式感"。李善培同意了，袍哥之间处理纠纷，自然是要讲规矩的。这事由擦耳岩袍哥李善培主事，邀大邑崇州及周边的袍哥吃茶见证。李善培正式传话给了三江袍哥徐德操，徐德操听说是请刘文彩做调解，也没啥话就同意了，地点在擦耳岩陈汉波的茶馆。

那天上午，刘文彩带着他"公益协进社"的主事和五老婆，威风地坐在了陈汉波茶馆中间的茶桌前，一边是崇州三江镇的袍哥大爷徐德操，另一边是双流擦耳岩的袍哥大爷李善培，四周坐了各地的来客和手下随从等。在一番仪式后，堂议开始了。

先由擦耳岩李善培代李崇蒿和朱少廷说事由，再由三江徐德操说事由，不免，双方说完后都在指责对方的不是。

擦耳岩方李崇蒿和朱少廷，当场指责徐德操三公子徐兰亭"花花公子没安好心""儿之过父之罪"。

三江方徐德操也不客气，徐德操话说得大声，"有本事，先管好自己的婆娘"。

没有人再说话，堂子有些沉闷，刘文彩见状，知道该说话了，其实他心里早就有了定论：

"今天事情已摆明，各自管好自家人，到此散啦！"

震惊川西袍哥界的擦耳岩调解，就这样结束了。但之后没有过三天，擦耳岩就出大事了。

三天后的早晨，擦耳岩渡口船老板准备开船时，突然发现渡口浅水边，有两具女尸，船老板一惊，大声喊了起来，听到有人喊，人们都跑去看，才发现是李、朱二位嫂子的尸体，是被人勒死扔在河边的。

有人赶忙去告诉李崇蒿、朱少廷，可两人都放了话："谁都不许动"。

为什么要这样对待两位女人？人们惊讶着，不断互问，一时不明白其因。后来，有人联想到刘文彩的断堂调解话，明白了其中的原因。

这天晚上，终于有个好心男人，把两具尸体推到河中间，让金马河水默默地送她俩走了……对于李二嫂，人们似乎没有多少要说的。但对朱二嫂，人们认为她老实巴交地跟着李二嫂跑，也被老公朱少廷"管"了，太不应该了。

后来，李崇蒿和朱少廷两袍哥，搬出擦耳岩，搬到金马河下游的杨公镇去了。

第三章
擦耳岩一年两大难

1933 年，擦耳岩经历了两大难，一是刘湘与刘文辉的四川军阀最后一次岷江大战；二是同年 8 月，叠溪发生了大地震，同年 10 月，地震形成的堰塞湖崩塌，导致洪水顺岷江直冲而来，擦耳岩被冲毁了大半。

一、四川军阀岷江大战

1931 年，刘文辉花巨款从国外购买了一批军火由上海运往成都，途经万县港时，被刘湘部师长王陵基扣留，刘文辉亲往重庆与刘湘交涉但毫无结果。就此，刘文辉与刘湘二人矛盾爆发，后演变成四川军阀大战。

1932 年 10 月 1 日，刘湘向驻南充的刘文辉部打响了第一枪，二人矛盾激化。刘文辉本想凭借自己兵力上的优势打败刘湘，奈何内部凝聚力不强，潜伏的危机使刘文辉节节败退，不得不退出成都。刘文辉重新调整部署，在岷江将兵力划分为六路，在北起灌县南至乐山沿右岸 200 余公里进行布防。

1933 年夏，刘湘联合田颂尧、杨森、李家钰、罗泽洲等部向刘文辉军发起进攻。1933 年 7 月中旬，刘湘三路军共 110 余团全部抵达岷江左岸，开始两军对峙，后刘湘军击败了刘文辉军。

当得知刘文辉大军涌向擦耳岩时，擦耳岩全街人惊慌不已，人们带上值钱的东西，离开了擦耳岩，到亲戚朋友家避难去了。整个擦耳岩，上三街下三街都没有了人。

擦耳岩是古渡口，只要控制渡船，不放船过来，要想过河，冲破擦耳岩岷江河口就很难。但如何知道刘湘军是否来了呢？刘文辉部在擦耳岩东原岷江古岸的高坡上建了一座碉堡，以观察刘湘军来否，还可以利用碉堡抵抗一下。

其实，守军知道一座碉堡无法抵抗刘湘军。只是刘文辉部说得凶、催得紧，要死守岷江防线，不修座碉堡，怕是过不去的，是要遭长官骂死的。

于是，擦耳岩坡上的碉堡修起了，就是由几块拆民房得来的砖头、门板等累积起来的临时堡垒而已。由此可知，刘文辉军败北是有迹可循的。

二、叠溪地震及洪水冲毁大半擦耳岩

才遭二刘军阀战乱，又遭洪水奇袭，擦耳岩一年内连遭两难。

1933 年 10 月 10 日下午，地震形成的堰塞湖崩塌，洪水冲到擦耳岩。

据老一辈人说，原来的擦耳岩镇被叠溪洪水冲毁了大半，一部分居民搬到了李家寺，一部分搬往了河对岸听江村，擦耳岩被一分为三了。

金马河边有座大庙被冲毁了大半，小菩萨雕塑被抢救出来，更多的大菩萨因搬不动而无法抢救被冲毁了。

覃宗良老师说，有户姓曾的木匠家，原与他家同街，这次洪水之后就把曾大木匠和曾二木匠两弟兄隔开了，分别住在听江村和李家寺，各自安家，来往非常不便。

覃老师说，遭洪水冲击后的擦耳岩，规模仍然不小，街道和巷道有十多条，其中两条主要街道呈"丁"字形，丁字口是最繁华、热闹的地方。这两条街即使闲天也有许多商店开门营业。其他街道虽然偏背，但一到赶场时就会变成闹市。几条主要街道都是清一色的瓦房，门面由可拆卸的木板镶成。尤其那条正街，宽阔笔直，门前还留着一段带瓦顶的阶檐，供摆摊及行人遮雨、遮阳之用。如果逢年过节或什么喜庆日子，多数人家门口灯笼高挂，景象相当气派。

第四章
擦耳岩革命者就义成都十二桥

新中国成立前夕，国民党发动内战，成都与全国许多地方一样，开展了反内战请愿运动，遭到国民党当局的镇压。在川西南工委的领导下，中共地下党利用擦耳岩的交通便捷，开展了掩护学生活动和利用学生发动农民翻身讲习活动等。擦耳岩的革命活动是川西南成都地区红色革命的一个组成部分，特别是建联络站，办《火炬报》，为黎明前的成都地区带来了光亮，对坚定大家的革命信心发挥了极大的鼓舞作用。

一、掩护成都大学生

1948年，国民党发动内战的同时加紧了对国统区人民的压迫与剥削，造成国统区严重的经济危机，货币贬值、物价暴涨，人民群众挣扎在死亡线上。这时，蒋介石急向四川加征粮食一百万担且征兵数十万以挽救其战场上的败局，并将王陵基委任为四川省主席。为配合解放战争的正面战场，中共四川特委和成都市委决定，以各大学正在要求配售平价米为由，放手发动群众开展反饥饿、反内战、反迫害的斗争，以此动摇蒋介石在四川的统治。

在王陵基举行就职典礼的当天下午，国立四川大学、华西协合大学等院校四千多人的请愿游行队伍，从华西协合大学广场出发，沿途高呼口号，揭露国民党政府打内战、搜刮人民的罪行。当请愿游行队伍到达四川省政府时，王陵基当场拒绝了学生的请愿要求，并下令早已准备好的军警用刺刀、警棍向手无寸铁的学生大打出手，当场打伤学生200余人，逮捕学生132人，女大学生游训天惨遭枪刺，李维晶、罗宗章被打成重伤，地上到处流着爱国学生的鲜血。

血案发生当天，中共成都市委召开了紧急会议，决定成立"四·九血案后援会"。被捕的学生仍坚持斗争，他们高唱《团结就是力量》《跌倒算什么》《义勇军进行曲》等。

在市委的领导下，国立四川大学、华西协合大学等院校先后罢课，成都各界也开展了各种声援活动。国立四川大学的学生绝食一天以抗议国民党的暴行。后南京、上海、北平、天津、武汉、厦门、广州、杭州、唐山、昆明、重庆等城市的许多大学革命团体和学生等纷纷来电来信声援成都学生的斗争。在学生不畏强暴、坚决斗争和社会舆论的强大压力下，王陵基释放了全部被捕学生，并配售了平价米，斗争取得了胜利。

但是，爱国学生运动后，国民党加强了对学生的镇压，特别是对学生骨干实施了秘密逮捕。为了保护学生骨干，中共地下党组织学生秘密向农村转移。

擦耳岩就是国立四川大学学生骨干的秘密转移保护点。在党组织的领导下，擦耳岩掀起了革命浪潮。

徐茂森是擦耳岩的袍哥，在擦耳岩势力较大，大邑等地的袍哥都与他有交往。大邑还有其他军政要人，如刘成勋、刘湘、刘文辉等，后来这里又是共产党异常活跃的地方。红军在长征时路过县境西部，播下了红色种子，如王泗营等处成为川西地下党的重要基地，影响了不少有志青年投身革命事业，逐步发展了一批共产党员，肖汝林便是其中之一。

肖汝林是大邑县唐场人，出生在一个比较有钱的家庭，读过中学，以教书为职业。入党后，按党的指示打入当地袍哥组织，以统战工作为己任。此人风度翩翩，一表人才，具有较强的组织和活动能力，渐被袍哥码头拥戴为舵把子，在大邑颇有名声。国共内战爆发以后，他以搞军火转运为主，为武装暴动迎接解放做准备。当时大邑的红色风暴渐成燎原之势，有比较坚实的群众基础。为此，他常往返于大邑、成都之间，但关卡林立的川藏、成崇两条阳关大道不好走，他就选择了擦耳岩这条近路。这里便于与各色人等乔装混迹，既安全又便捷，因此，早在1946年，肖汝林就常来擦耳岩，从大邑到成都有两天路程，擦耳岩正好是中间站，到此需要停歇食宿。最初，他常落脚在李家寺的李少甫茶铺内，李少甫也是袍哥大爷，彼此说话还算投机，不久结识了擦耳岩街上的徐茂森，就改在徐氏茶馆落脚。

二人都是地方上有声望的人，徐茂森在成都早已认识其兄肖梓源，有了这一层关系，二人相见恨晚。肖汝林认为徐茂森虽然是擦耳岩的袍哥大爷，但与一般袍哥有不同之处，是容易争取的对象。他除了给徐茂森做一定的开导外，还介绍川西地下党负责人之一的周鼎文与徐茂森认识，对徐茂森开展了进一步的统战工作，使其认清国共两党形势。从此，肖汝林和他的同志、朋友经常落脚徐茂森家，徐茂森都热情接待，一概无偿供应食宿。肖汝林去成都活动，有时就把三四岁的徐鹏程带在身边，以巧妙伪装。肖汝林还想使擦耳岩这个重要落脚点进一步为其所用，就对乡长刘遐龄也作了一定的争取，但效果不佳。为了增长徐茂森的势力，肖汝林常带兄弟们过河为其助威；有一次约集了大邑连封码头两三百人过河来，个个手中武器精良，徐茂森盛宴三日，并邀刘遐龄参加，宴后在河边上试枪打靶。从此，刘遐龄对于经常出入徐家的外地人，无论前期的肖汝林，后期的彭先云等也好，只能不闻不问以明哲保身。

川西坝子最大的袍哥舵把子——大邑的刘文彩对徐茂森很赏识。徐茂森在擦耳岩的势力愈来愈大，除了肖汝林的大力支持外，也与刘文彩的支持分不开。

（一）新同会

1949 年 4 月下旬，在国立四川大学从事学运的地下党员张泽石接受了新的任务，随周鼎文来到擦耳岩徐茂森家，与彭先云接上了头。当日彭先云和徐茂森、徐海东把他装扮成青年农民的样子，住了一两天后，就送到红石乡徐瓦窑徐海东家，在那一带开展活动。这是一块比较僻静的地方，反动势力较为薄弱，却有一批有一定文化又不安于现状的青年人，是党在农村最能团结争取的力量。他们在张泽石和徐海东的带动下，成立了党的外围组织"新民主主义同志会"，简称"新同会"，搞得有声有色。不久，国立四川大学一批学生疏散到此后，"新同会"更加壮大，扩展到邻近各乡，如擦耳的陈开楠、柑梓的冯德纯等有名教师也加入了"新同会"。还在徐瓦窑一带广大农民中间成立了"农民翻身会"，把党的地下刊物《火炬报》登载的解放战争逐步胜利的消息，以及党的政策、毛泽东的文章等在群众中传播开来，并教他们唱革命歌曲、扭秧歌，使徐瓦窑这块僻静乡村成了红色据点，波及邻近各地。由于徐海东工作出色，经周鼎文、彭先云一起介绍加入了中国共产党，并成为地下党在擦耳岩的联络人。

（二）乡政背景

1949 年 5 月，中共地下党组织决定将国立四川大学一批在爱国运动中引起敌特注意的学生疏散到农村，他们先到了牧马山某农家大院隐蔽了一段时间，部分由彭先云接到擦耳岩徐茂森家，这些学生有李绍庭、陈威仪、李天洁、罗曼云等，除了早些时候来的张泽石已安排在徐瓦窑外，这批人都分散到邻近各乡，分别以长工、短工、教师等身份为掩护，在人民群众中继续坚持革命，组织力量。

当时的擦耳岩，政治气氛复杂，实行乡、保、甲制度，乡长把持着全乡的最高统治。20 世纪 30 年代的一乡之长不叫"乡长"，而称为联保主任。擦耳乡第一任联保主任是吴少阳，他是上游吴家染房大地主吴庆云之弟。20 世纪 40 年代初期擦耳乡某届乡长是吴子光，他是吴少阳之侄。抗日战争后期擦耳乡乡长是李小和，他是李家寺的地主、袍哥舵把子李致和的儿子，解放初期受到共产党的教育争取，未参与任何叛乱活动，后病死于家中。李小和当乡长时年仅三十多岁，很有文化教养，外表文质彬彬，谈吐流利，赢得了乡人的信任。他当乡长后，有人说李家寺庙里的大楠树像一只大公鸡，头是向着李家巷的，这应该是李小和能使他家兴旺发达的吉兆。

（三）《火炬报》

张泽石原是清华大学的学生，在校时就加入了中国共产党，从事地下活动，后被分派到国立四川大学搞学运工作。除了在徐瓦窑一带开展活动外，他的重点工作是在徐海东家里秘密创办《火炬报》。他还被川西地下党任命为双流、新津和温江三县党小组负责人。

1949 年下半年，擦耳岩联络站的工作更繁忙了，除了人员接送、文件传递、武器转运和各种情报的收集和上报外，《火炬报》的创办更是一项艰巨的任务。《火炬报》由川西地下党直接管理，报社设在徐瓦窑徐海东家里，人力物力主要靠擦耳岩联络站掩护和支撑。报社的主要负责人是张泽石，他颇富艺术细胞，编排、绘画、刻写、速记等，样样都会。不久，又调来曾在华西晚报社工作过的秦慕良大力协助，徐海东及其家人都是得力助手。报社的全部家当就是一台用来偷听记录新华社广播的矿石收音机和一台破旧的油印机，其余就是刻写用的钢板、铁笔和蜡纸。他们因陋就简，千方百计，夜以继日，终于使《火炬报》在 1949 年 7 月 1 日出了创刊号，向党的生日献了一份很珍贵的礼物。以后又连续不断出印发行，联络站暴露后，秦慕良携带全部器材转移他地继续刊行。这份报纸虽然发行量不多，少则几十份，多则几百份，但影响极大，主要由徐海东及其妻杜静修，还有徐茂森妻吴云霄等，传到各交通员之手，再由交通员秘密分发到各机关团体、学校乃至狱中，后扩大到整个川西乃至西康省境。它像一把熊熊燃烧的火炬照亮了仍处于黑暗世界中人们的心。《火炬报》转载了毛泽东的许多文章、著作，新华社社论，人民解放军布告，解放战争胜利形势和新中国成立等振奋人心的消息，使广大人民尤其是监狱中和逆境里的革命志士看到了光明，增强了拼搏的勇气。

（四）联络站

1949 年初，彭先云来擦耳岩主持地下党联络站，最初主要是负责成都、大邑、邛崃、新津、双流、温江、崇庆、灌县等川西一带地下党组织的交通、疏散、文件传递、武器转运，掌握敌情并保障往返同志的安全等任务，立足之后再相应开展各项活动。作为一个外地人，开展这些活动困难颇多，好在以前肖汝林在擦耳岩打下了一些基础，袍哥大爷徐茂森及民盟组织大力掩护和配合，很快打开了局面。彭先云逐步团结了当地的一批青年人，在他们当中宣传共产党的思想、理论和政策，讲一些当地人不太了解的国共两党的形势，尤其是解放战争的发展情况，使这些本来对现实不满的青年人看到了光明，愿意投身到革命大潮中去。在此基础上，进一步发展党的外围组织，广泛发动群众，壮大革命力量，为武装暴动迎接解放做好充分的准备。在徐茂森家里，彭先云认识了徐海东，二人成为最可靠的朋友和最亲密的战友，使联络站如虎添翼，各项活动全面展开，进展迅速。

徐海东是邻乡红石徐瓦窑人，徐茂森的远房侄儿，无事常来徐茂森家耍。徐瓦窑这个地方是以前徐氏族人开过砖瓦窑的一片乡村，紧靠金马河边，与红石、擦耳岩相距六七里路，有一条较宽的小路直通擦耳岩，当地人来擦耳岩比到红石还要方便。徐海东出生在一个农民家庭，从小敏而好学，上过中学，当过小学教员，其时失业在家务农。他读过许多书，较早接受新思潮影响，对当前国共两党的斗争善于思考，明辨是非。所以，自从结识彭先云后，他很快投入了革命的怀抱。

1949 年农历八月中旬，联络站被国民党破获，按党的指示，彭先云撤离擦耳，并带领联络站大部分同志一道转移，几经转折，最后转到名山、雅安一带参加了川西人民游击队，任大渡河支队党代表，后随解放军打回双流。解放初期，在双流参加平叛，任征粮工作队队长和县委宣传干事。不久，调入志愿军赴朝作战，从此永远离开了双流。总计他在擦耳和双流一共待了大约两年时间，肩负重任，不畏艰险，出色完成了党交给的大量任务，为双流的革命史写下了光辉的一页，更使故乡人民永志不忘。

（五）擦耳岩危急时刻

1949 年农历八月初十，彭先云接到上级紧急通知，擦耳岩联络站暴露，要求联络站所有同志马上转移。

彭先云牢记着当初来擦耳岩时，周鼎文嘱咐他"同志们的安全是最重要的"。他马上通知了所有同志转移。但擦耳岩联络站怎么办，每天联络站都有外地的同志来往，联络站如果没人招呼掩护，外地来的同志就会落入敌手。

在这危急时刻，徐海东向彭先云请求留下，掩护外地同志，彭先云不同意。

"我是本地人，好掩护。"徐海东说。

"不行，不能留下一个人，有安全问题。"彭先云坚定地答道。

"但你却留下了很多外地同志的安全问题了！"徐海东又坚决地请求道，"让我留下吧，没事的"。

在徐海东的强烈要求下，彭先云也考虑到外地同志的安全和徐海东是本地人的情况，无奈地同意了，并再三叮嘱徐海东注意安全。

徐海东临危不惧，在党组织遭遇危险时，不顾个人安危，挺身而出，避免了外地来往同志被捕，而自己却不幸被捕。更加不幸的是，徐茂森也被捕了。

（六）成都十二桥遇难

徐茂森和徐海东被押往成都监狱。徐茂森在监狱里受到绳绞、电刑、撬杠子、鸭儿浮水等酷刑，敌人轮番审讯，徐茂森都没有说出半点与共产党相关的情况。徐茂森的左腿被压断，足趾被砸掉，几度昏死，但始终咬紧牙关，履行了他的诺言"死不掉底"！

徐海东在监狱里也受尽酷刑，他严守共产党的秘密，没有暴露共产党的任何情况。

1949年12月7日深夜，成都十二桥发生了秘密大屠杀，徐茂森和徐海东与其他革命同志一起被杀害。临刑时，烈士们高呼口号。在国民党撤退、人民解放军尚未进城之际，死难者家属和一大批市民蜂拥到十二桥屠场，扒开了泥土，清理出烈士的遗体，死难者包括王干青、杨伯凯、于渊等省上知名人士，他们后来集中安葬在青羊宫烈士陵园里（今文化公园），徐茂森的坟墓是第九号，徐海东是第二十六号。叔侄俩的英名在故乡、全县和全川广为传扬。三十年后，彭先云、张泽石等专门来成都，由周鼎文陪他们前去凭吊二徐之墓，并看望了徐茂森之妻吴云霄。

除在成都被杀害的徐茂森、徐海东外，擦耳岩还有八位同志在家乡遭到敌人报复杀害。他们是杜永青（徐海东妻子杜静修的父亲）、杜蒙氏（杜静修的母亲）、杜瑞清（杜静修的姑姑）、杜华斌和杜克明（两人系杜静修的弟弟）、杜少安及妻子和黄平安（三人系农民翻身会成员）。

二、解放军进驻擦耳岩

1949 年 12 月，解放军从几个方向合围成都，打响了"成都战役"。盘踞成都的蒋军各部（主要是胡宗南部）乱作一团，加上 12 月 9 日，川军"刘、邓、潘"在彭县起义，还有川西地下党的策反工作，使蒋军和四川地方军大部分起义投诚。成都这座具有悠久历史的文化古城，最终免遭战火之焚。

1949 年 12 月 25 日，四川省参议员侯健元、双流县参议长彭光烈、县长缪向辰等召开会议商议起义事项，发出起义通电，派人与解放军取得联系，并准备欢迎解放军的标语、物资等。1949 年 12 月 26 日，解放军第二野战军第十一军进入双流县域，双流和平解放。

尽管双流和平解放，但在彭镇，还是打了一场追击战。

1949 年冬，中国人民解放军第二野战军杨勇兵团，由川南经乐山、青神进军成都，12 月 24 日夜，该部第十军在新津宝子山给予胡宗南李文部以沉重打击。26 日，李文、李振两个兵团残部由雅线退回双流县城，又窜至彭镇，构筑防御工事，以燃灯寺、火烧桥、灯影树坟地为第一道防线；湖广馆口、川主庙口、刘家碾场口为第二道防线；镇内街道设施为第三道防线。

解放军第二野战军十一军三十三师，奉命追击胡宗南残部，于 12 月 26 日下午四时发现敌阵地，立即分左右两翼包抄彭镇守敌。从右翼进攻的解放军，经罗江桥等地，在裴家碾利用河沟、坟地掩护向燃灯寺、刘家坎发起冲锋。从左翼进攻的解放军找来当地保长带路，到邓家坟地向殷家墙边射击，迂回攻下灯影树坟地，将敌第一道防线攻破一缺口；同时在和尚堰请来农民带路，沿放水沟向上匍匐前进，用机枪猛烈射击燃灯寺守敌侧翼，配合裴家碾解放军，从右路突击敌人第一道防线。黄昏时，解放军进入李家院子，该院后墙正对彭镇，居高临下，从背部猛烈射击，敌伤亡惨重。被视为咽喉的碉堡及火烧桥阵地立即崩溃，解放军全面突破了第一道防线。

趁着黄昏，解放军向第二道防线逼近。李振兵团发射信号弹，率部起义，解放军从左翼突破第二道防线，占领湖广馆口，向杨柳河上第二大桥猛攻，李文部负隅顽抗。解放军战士冒着密集火网，抱枪滚过猪市桥，冲垮敌军最后防线。李文兵团残部从白布市场口，经糠市场口向大邑方向溃退。解放军三十三师继续猛打，迫使该部在大邑起义投诚。

12 月 26 日下午在彭镇打的那一仗，擦耳岩也听见了隆隆的炮声。入夜后看见那个方向火光冲天，枪炮声越来越近，老百姓惊慌失措，纷纷往附近乡下亲戚家躲避，没有亲戚的一般都跑到上游宋家庵和邓家大院去躲。宋家庵尼姑对街上居民都很热情，管吃管住。邓家大院就是吴云霄的娘家，继父姓邓，已经过世，邓婆婆对乡亲们关怀备至，唯恐招待不周，大锅饭办了好几台，还腾出一些床给老乡亲睡。这是典型的农家大院，台阶上放满风谷机、拌桶、连盖、垫子、箩筐等农具，还有个大谷仓，两个月前彭先云就在里面躲了四天四夜。这晚不少乡亲也睡进这个谷仓，度过了一个不眠之夜。直到后半夜枪炮声才渐渐消失。

12月27日天亮，听说擦耳岩来了好多解放军，擦耳岩解放了。乡亲们都说回去看看，于是陆续回到了擦耳岩。回来一看，擦耳岩成了一座"兵山"，满街都是穿黄军装的士兵，大部分是国民党俘虏兵，少数是解放军。不同的是，解放军大多头戴钢盔，手拿长枪，英气勃勃，而国民党兵则无精打采，惨相十足。还看见一群穿黑棉服带短枪的彪形大汉，据说是解放军的先遣队——黑虎队。

据覃宗良回忆，当天，解放军大部队开进擦耳岩来，"约有两个班住进我家里，他们自带粮食，请我们帮忙煮饭一起吃，饭后就在酒铺内打地铺睡觉。有一个长官模样的北方大汉还同我父亲在厨房烧火板凳上坐着摆龙门阵，说的是他们为什么要打国民党，我在旁听得津津有味"。由于解放军纪律严明，态度和蔼，居民们消除了恐惧，有的商店开门营业了，街上显出一点生气来。

乡政权倒了，乡公所的人都跑光了，解放军进驻。彭先云也出现在街上，他带着部分川西人民游击队员跟随解放军打回来，此后调往县上工作，剿匪时还来过擦耳。

不久，刘遐龄也大摇大摆上街来了，身后紧跟着万少泉、尹少廷两名原精选队员，有个解放军长官在乡公所门口跟他谈了一阵话，大概是找他来了解点情况或移交什么手续，他只露了这一面，就回上游鲢鱼寺老家去了，全家早在成都战役前夕就从街上搬过去了。

几天来，王成辉忙得不亦乐乎。他是街上的保长，一向办事勤谨，解放军来后也有用得着他的地方，例如安顿住宿、张罗油盐柴菜等。只见他满头大汗边走边对旁人说道："八路军走一拨又来一拨，把我的两条腿都跑安逸了。"他不像别的伪保长都躲起来了，仍然继续干他的本职工作。

几天以后，解放军大部队开走了，留下一个指导员王兴善，主持地方工作。

一天晚上，王兴善召集街上的父老乡亲们在乡公所开会，用当地人还不大懂的北方口音说道："老乡！我们是中国人民解放军，是来解放你们的！……

你们想一想，比一比，到底国民党好，还是共产党好?"在场的五老七贤，如林前三、尹诚斋、伍培卿、陈举卿、李泰安、李华章等，一个个微笑着点头："共产党好! 共产党好!"最后，王兴善要大家回去向乡亲们宣传，不要听信一些坏人的谣言。

自从陈开楠、刘建文出狱后，始终得不到徐茂森、徐海东的消息，吴云霄着急了，就去问周列三，周沉痛地告诉她："老徐叔侄英勇地牺牲了，葬在成都西郊十二桥。"她一听如五雷轰顶，呼天号地大哭起来，拉着陈开楠一路到成都，打听到的消息证实了这一噩耗。回来后就带领四个儿女去李善培家门口，一字儿跪在李善培面前，要当年的总舵把子主持公道，找刘遐龄算账。当时的擦耳岩基本上还处于一种无政府状态，这个李大爷仍被乡亲们当成权力的象征。但李善培心里明白，自己可以说已经是泥菩萨过河——自身难保了，哪里还能管这样的事。他对吴云霄说，你们两家的事我管不着，共产党来了，你应该找共产党解决去。说完后仍旧叼着长烟杆踱到对门陈汉波的茶馆里去了。

徐茂森的死讯一传开，本来平静的气氛开始紧张起来。由于解放军大部队已开走，乡上也很少见到王兴善和武工队员们，不少老百姓又开始担心共产党是否能在本地待下去。从 1950 年 1 月初，直到大年前夕的一个多月时间里，擦耳岩保持了一段表面的沉寂。这是成都战役这场暴风雨过后短暂的沉寂，是一种令人感到非常沉闷而难受的沉寂。它预示着一场更大规模的暴风雨即将来临，擦耳岩将要经历一场前所未有的血与火的洗礼。

后来国民党反扑，发动了土匪叛乱，擦耳岩地区又一次面对了血雨腥风，具体情况描写可参考《成都擦耳岩》一书。

至此，关于擦耳岩的事宜已讲述得十分清晰了，有利于大家全方位地了解金马河、擦耳岩的自然风貌、衍变过程及风土人情。本书写作过程中所用文献有限，若有描述不准确之处，望海涵。本书旨在让大家看到一个较立体丰富的古岷江与水码头往事。

参考书目

《百年前美国双语画册再现成都半边桥等旧景》，《华西都市报》，2016 年 6 月 25 日第 0a11 版。

冯广宏：《都江堰文献集成（历史文献卷·先秦至清代）》，成都：巴蜀书社，2007 年。

蘅塘居士编选：《唐诗三百首》，南京：江苏文艺出版社，2020 年。

李白等著：《中国古代名家诗文集》，哈尔滨：黑龙江人民出版社，2005 年。

流沙河：《老成都·芙蓉秋梦》，重庆：重庆大学出版社，2014 年。

双流县交通志编纂办公室：《双流县交通志》，1988 年。

双流县旧志丛书整理委员会编：《双流县志（民国版）》，北京：中国文史出版社，2014 年。

司马迁：《史记全本新注（第 2 册）》，张大可注释，武汉：华中科技大学出版社，2020 年。

四川省地方志编纂委员会编：《四川历代方志集成·第三辑（10）》，北京：国家图书馆出版社，2015 年。

《谭嗣同集》整理组整理：《谭嗣同集》，杭州：浙江古籍出版社，2018 年。

谭徐明：《都江堰史》，北京：中国水利水电出版社，2009 年。

席子杰、迟双明主编：《中国古典名著·第 8 卷·杂史》，西宁：青海人民出版社，1998 年。

钱仲联、马亚中主编：《陆游全集校注. 1，剑南诗稿校注. 1》，杭州：浙江教育出版社，2011 年。

后记
十年考察苦心写就三本书

我对金马河进行了十年的历史文化考察研究，前后写成了《认识金马河》《成都擦耳岩》及本书。

金马河是岷江在成都平原上约 80 千米长的一段神秘河流。说其神秘，是因为迄今人们对金马河的历史文化认识不清，相关史料记载也较模糊，金马河在成都平原中的地位、作用存在介绍不明等情况。我历经十年，不断考察分析研究，终于厘清了金马河的历史，挖掘了金马河上承载的文化，弄清了金马河在成都平原天府之国中的地位和作用，也发现了金马河在古蜀文明发展中起着水道交通的重要作用。目前，金马河历史文化的研究相对较少，我十年考察写成的三本书正是对古蜀文化中金马河历史文化研究空白的填补。

三本书的前后出版是一个不断深入考察研究金马河历史文化的阶段性过程。

第一阶段，是以金马河为中心进行考察研究，厘清了金马河错综复杂的历史，挖掘了金马河上的擦耳岩笮索吊船为我国第一神奇古渡，发现了金马河上扬名海外的美丽廊桥，金马河边擦耳岩小镇传奇，大诗人王勃、杜甫、陆游等所作的与金马河相关的诗等，完成了《认识金马河》一书的写作。

第二阶段，是以成都市区至擦耳岩这条古道为线索，考察发现从成都市区至擦耳岩为到崇州—大邑—邛崃最便捷的古道，发现了擦耳岩是从成都出发的中国南方丝绸之路古道要津，并对擦耳岩古渡、擦耳岩廊桥等继续开展深入考察，对擦耳岩作为民国时期的传奇古镇、中共擦耳岩联络站、解放初叛匪血洗擦耳岩等情况进行了考察。同时，我对金马河擦耳岩旅游资源的开发利用做了深入细致的考察研究，提出了金马河擦耳岩处适合建一座四川旅游新功能卫星城市的建议。完成了《成都擦耳岩》一书的写作。

由于感到前两书没有明确金马河在成都平原中的地位与作用，没有明确提出"金马河就是天府之国母亲河"这一定论，我补写了"天府之国母亲河"作为本书写作的缘起。

目前，已发现擦耳岩水运码头修补船时的专用工具"熬漆炉"的出土文物，发现擦耳岩水运码头官吏的陪葬俑墓，以及擦耳岩水运码头聚落群墓高地等。这些都证实，三千年前的古蜀岷江擦耳岩水运码头是真实存在的。擦耳岩水运码头是离古蜀成都最近的水运码头，是古蜀成都对外交流、交往的水运起点码头，也是外来的终点码头。

让我感到特别欣喜的是，前不久我参观了四川博物院的古代四川厅，其中《闭而不塞》栏目有"南方丝绸之路、蜀道及长江水道"的小方块字，我发现最后有句话：长江水道在新石器晚期已成为沟通四川盆地与长江流域其他地区的交通大动脉。这句话正是对我考察研究金马河岷江水道的充分肯定和权威认可。

由此我非常欣慰，考察研究岷江金马河十年，苦心写成的三本书，没有白费。

三本书的出版，特别要感谢四川大学出版社的积极支持，感谢编辑人员对三本书严格严谨的编校和辛勤劳动的付出，衷心致谢！

蒋剑康于成都苏坡东路 27 号

2023 年 8 月 20 日